CRONACHE DI UN INSEGNANTE

JOSE RUIZ WATZECK

WATZECK HOME STUDIUS DIGITAL

SOMMARIO

PREFAZIONE

Essere un insegnante è molto più che trasmettere contenuti in classe. È una professione fatta di storie, sfide quotidiane e momenti inaspettati che trasformano sia insegnanti che studenti. Ogni anno scolastico porta nuovi volti, nuove personalità e nuove domande. E con essi nascono anche opportunità di apprendimento uniche, sia per chi insegna sia per chi impara.

Questo libro nasce dall'esigenza di condividere l'esperienza che molti insegnanti vivono, ma che raramente trovano il tempo per raccontare. Le cronache che troverete qui non sono semplici resoconti d'aula, sono ritratti di una realtà complessa e piena di contrasti. Alcune storie sono divertenti, altre portano il peso delle difficoltà quotidiane dell'educazione. Tutti, però, rivelano cosa significa essere un insegnante in Brasile: la lotta per fare la differenza, la fatica quotidiana che incontra la scintilla negli occhi di uno studente che finalmente comprende un concetto, l'incertezza sul futuro del professione in un Paese che ancora fatica a valorizzare i propri educatori.

Attraverso queste cronache, spero che i lettori, siano essi insegnanti, studenti o chiunque sia interessato all'istruzione, possano comprendere un po' meglio la vita in classe. Vedrai come le difficoltà dell'insegnamento, lungi dall'essere solo ostacoli, diventano esperienze arricchenti, lezioni che ci sfidano a essere migliori, più creativi e più umani.

Questo libro è un omaggio a tutti i colleghi professionisti che, come me, si dedicano all'educazione dei cittadini nel mezzo di una società in costante trasformazione. È una raccolta di momenti che riflette l'amore per l'istruzione, ma anche le frustrazioni che ci fanno mettere in discussione il nostro ruolo. Alla fine di ogni capitolo ti renderai conto che, proprio come gli studenti, anche gli insegnanti non smettono mai di imparare.

Se sei mai stato in una classe, come studente o insegnante, ti invito a intraprendere questo viaggio con me. Possano queste cronache risvegliare riflessioni, ricordi e, chissà, anche ispirazione per chi crede nel potere trasformativo dell'educazione.

INTRODUZIONE

Entrare in una classe per la prima volta è un misto di ansia e aspettativa. Lì, davanti a decine di occhi curiosi e attenti – o, a volte, distratti – c'è un insegnante. E in quel breve istante il futuro sembra prendere forma in infinite possibilità. Ogni studente è un universo di domande, preoccupazioni e sogni. Ogni lezione, uno scenario di esperienze uniche, dove drammi, risate, conquiste e frustrazioni si intrecciano quotidianamente.

Essere insegnante significa sperimentare questa molteplicità. Non esiste un giorno uguale all'altro. Non c'è monotonia, anche se di solito appare la stanchezza. L'insegnante, ben al di là dei contenuti che insegna, si trasforma poco a poco in qualcosa di più grande: un mediatore di storie, una guida per chi cerca qualcosa di più delle risposte già pronte. In ogni lezione c'è una parte di chi siamo, da dove veniamo e dove vogliamo andare. Insegnare è soprattutto scambio di conoscenze, opinioni e sentimenti.

Nelle pagine che seguono condivido non solo le storie di una classe, ma i segni che ogni studente, ogni situazione, ha lasciato sul mio cammino. Queste cronache sono momenti catturati nel tempo, frammenti di una vita dedicata all'educazione, piena di umorismo, dramma, sorprese e, molte volte, lezioni preziose. Sono echi di una realtà che, nonostante possa sembrare comune agli estranei, ha il potere di trasformare la vita, compresa quella dello stesso insegnante.

Lungo questo viaggio incontrerai personaggi che forse già conosci: lo studente irrequieto che sfida la tua pazienza, ma finisce per sorridere alla fine della lezione; il giovane brillante che sorprende con una domanda inaspettata; genitori, a volte partner, a volte critici; e, naturalmente, gli stessi insegnanti, che affrontano silenziosamente battaglie invisibili, spinti dalla speranza che la conoscenza possa davvero cambiare il mondo.

Questo libro è un invito per te, lettore, a unirti a me in questa classe immaginaria, dove ogni storia raccontata è uno spaccato di vita, una riflessione su cosa significa essere un insegnante in tempi di cambiamento. Si tratta di cronache che cercano di rivelare la bellezza e la complessità dell'insegnamento, che va oltre la semplice trasmissione dei contenuti. Rivelano il polso di una professione che, ogni giorno, ci insegna di più sull'umanità, sulla resilienza e sul potere dell'empatia.

E forse, alla fine di queste pagine, scoprirai che essere insegnante non è solo una professione, ma una vocazione: un viaggio che, nonostante gli ostacoli, ci ricorda costantemente perché scegliamo di essere lì, in prima linea nella vita. . plasmare le generazioni. Possano queste storie ispirarvi, commuovervi e, soprattutto, farvi vedere, nelle piccole e grandi difficoltà della vita quotidiana, il vero valore dell'educazione.

CAPITOLO 1: IL PRIMO GIORNO – ANSIA E ASPETTATIVE

Il primo giorno. Una frase semplice, ma ricca di significati. Per ogni insegnante il primo giorno di scuola è come un viaggio verso l'ignoto. Non importa quanti anni di esperienza tu abbia, la sensazione che accompagna questo momento è sempre un peculiare mix di nervosismo e speranza. Piacerò agli studenti? Riuscirò a mantenere la loro attenzione? Queste domande, silenziose e persistenti, accompagnano l'insegnante fino al momento in cui varca la porta dell'aula.

Ricordo il mio primo giorno da insegnante come se fosse ieri. Il cuore che batte, i palmi sudati, il materiale organizzato alla perfezione, come se potesse garantire che tutto avvenisse senza problemi. E, ovviamente, i vestiti. Ho passato molto tempo a pensare a cosa indossare. Una camicia troppo casual potrebbe farmi sembrare impreparata. Un look molto formale, invece, potrebbe allontanarmi dagli studenti. Dopotutto, essere un insegnante implica un costante equilibrio tra autorità e accessibilità.

Ho fatto un respiro profondo prima di aprire la porta. Entrando sono stato accolto da una stanza che, con mia sorpresa, sembrava più silenziosa di quanto mi aspettassi. Gli studenti, adolescenti curiosi, mi guardavano con un misto di indifferenza e curiosità. C'erano timidi sussurri, sguardi nascosti e qualche risatina che, ovviamente, non potevo ignorare. Era chiaro che per loro ero un estraneo.

Ho cercato di nascondere la mia ansia con un sorriso, ma il mio corpo sembrava tradire quello che provavo. La mia mente girava in tutte le direzioni: "Mi rispetteranno? Cosa dovrei dire prima? Dovrei presentarmi o iniziare con qualche dinamica?" Ho deciso che la semplicità sarebbe stata la soluzione migliore. Dopotutto, eravamo tutti lì per imparare: loro sui contenuti e io su come essere un insegnante.

Quel momento iniziale è un test silenzioso. Valutano il tuo tono di voce, la tua postura, ogni parola che scegli. E senza nemmeno rendertene conto, fai lo stesso con loro. C'è sempre lo studente che sembra ignaro di tutto, quello che si sforza di dimostrare che è annoiato, e quello che già alza la mano con domande prima ancora di aver finito la presentazione.

"Buongiorno a tutti. Sono il vostro nuovo insegnante. Spero che potremo trascorrere un bellissimo anno insieme," dissi con una calma che non sentivo davvero. La mia voce echeggiò nella stanza, riempiendo il vuoto sospeso nell'aria. Quella fu la prima battuta di un dialogo che sarebbe durato tutto l'anno o, chissà, molti altri anni di ricordi condivisi.

Ma il primo giorno va oltre le presentazioni formali. È un'immersione nelle aspettative: quelle degli studenti e le nostre. Ognuno porta con sé un bagaglio invisibile, una storia che modella il suo modo di vedere l'insegnante, la scuola e se stesso. Alcuni arrivano aspettandosi grandi sfide, pronti a imparare. Altri, invece, nutrono la diffidenza di chi è già rimasto deluso da anni di insegnamento poco interessante. Il primo giorno queste aspettative sono ancora mascherate, come ombre che danzano negli angoli della stanza.

E il professore, come un esploratore di Terranova, cerca di decifrare ogni sguardo, ogni gesto. Chiunque finga di non preoccuparsene potrebbe mettere alla prova i propri limiti. La ragazza in prima fila, con il quaderno aperto, scrive tutto, ma capisce davvero? Il ragazzo in fondo alla stanza, appoggiato allo schienale della sedia, alza appena lo sguardo: mi sfiderà o semplicemente mi ignorerà? Sono misteri che il tempo svelerà.

Le ore del primo giorno sono lunghe, ma allo stesso tempo passano in un batter d'occhio. Quando suona il campanello, il sollievo è immediato, ma è accompagnato anche dall'inevitabile pensiero: "Ho fatto io?" Me lo stavo ancora chiedendo quando l'ultimo studente lasciò l'aula e regnò di nuovo il silenzio. È stato un momento di riflessione solitaria, ma anche di soddisfazione. Lì era iniziato qualcosa, qualcosa di nuovo, imprevedibile, pieno di sfide e possibilità.

Il primo giorno è sempre un nuovo inizio, per l'insegnante e per gli studenti. Una pagina bianca, pronta per essere scritta. Ogni parola, ogni interazione, ogni difficoltà superata o fallimento affrontato farà parte della costruzione di questo viaggio. E, anche se non sappiamo con certezza cosa ci aspetta, c'è una certezza innegabile: il primo giorno di scuola ciò che proviamo è più che ansia e aspettative. È speranza: speranza che, in fin dei conti, l'esperienza dell'insegnamento e dell'apprendimento possa trasformare la vita, compresa la nostra.

CAPITOLO 2: DIVERSITÀ IN CLASSE – STILI DI APPRENDIMENTO E PERSONALITÀ

Entrare in un'aula è come tuffarsi in un oceano di diversità. Nessuna classe è uguale all'altra e, anche all'interno dello stesso gruppo, ogni studente porta con sé un mondo, un'individualità che rende l'aula un vero mosaico di storie, esperienze e, soprattutto, modi di apprendere. Questa diversità è una delle sfide più grandi, ma anche una delle più grandi ricchezze dell'educazione.

È comune pensare allo studente ideale: quello che presta attenzione, annota tutto e risponde correttamente alle domande. Ma, proprio all'inizio della mia carriera, mi sono reso conto che questa immagine è un'illusione. In realtà, ogni studente ha i propri ritmi, le proprie esigenze e un modo unico di assorbire la conoscenza. C'è chi brilla con una chiara spiegazione verbale, mentre altri hanno bisogno di sporcarsi le mani, provare, sbagliare e riprovare per capire davvero quello che gli viene insegnato.

Nella mia prima esperienza con una classe eterogenea, sono rimasto sorpreso nel realizzare che non era sufficiente trasmettere il materiale in un unico modo. Gli sguardi confusi di alcuni e il disinteresse di altri mi hanno mostrato che avevo bisogno di adattare il mio insegnamento, come se stessi sintonizzando una radio per captare le frequenze corrette. Ogni studente era una nuova sfida.

Presto mi sono reso conto che, per alcuni, il linguaggio visivo era essenziale. I disegni, i diagrammi e i grafici hanno fatto la differenza. Ricordo uno studente, tranquillo e riservato, che raramente partecipava alle discussioni in classe. Tuttavia, tutto ciò che doveva fare era presentare il contenuto attraverso un diagramma colorato e i suoi occhi si illuminavano. Era come se avessi finalmente trovato una porta d'accesso al mondo della conoscenza che stavo cercando di trasmettere. D'altra parte c'erano studenti che avevano bisogno di movimento, di sperimentazione. Per loro, le lezioni pratiche erano un'oasi, un momento in cui potevano interagire fisicamente con ciò che stavano imparando.

E, naturalmente, c'erano quelli che eccellevano nel ragionamento logico. Per loro ogni problema era come un puzzle da risolvere con precisione. Non hanno voluto esempi visivi o esercizi pratici: bastava una buona spiegazione e si sono trovati subito pronti ad approfondire tematiche più complesse. Sembravano esplorare la conoscenza con invidiabile sicurezza, mentre altri, con stili di apprendimento diversi, avevano bisogno di più tempo e pazienza per tenere il passo.

Ma la diversità non si limitava solo al modo di apprendere. Anche le personalità hanno svolto un ruolo cruciale nelle dinamiche della classe. C'era l'estroverso, sempre pronto a rispondere a qualsiasi domanda, spesso senza nemmeno alzare la mano. Occupava spazio nella sala, ma serviva anche da catalizzatore per i dibattiti, mantenendo viva l'atmosfera. D'altro canto, lo studente introspettivo, che preferiva il silenzio alla prominenza, era una gemma nascosta. Osservava tutto con attenzione, senza fretta di esporsi. E quando finalmente parlò, le sue parole furono attente, ben pensate, rivelando una profondità che a molti passò inosservata.

La grande sfida, quindi, è stata trovare un equilibrio tra questi diversi profili. Come coinvolgere gli studenti estroversi senza mettere in ombra quelli timidi? Come possiamo garantire che coloro che necessitano di maggiore stimolazione visiva facciano gli stessi progressi di coloro che ottengono buoni risultati durante le lezioni? È qui che entra in gioco l'arte dell'insegnamento: adattarsi, reinventarsi e, molte volte, accettare che non ci sarà un'unica soluzione per tutte le sfide.

Durante questo viaggio, mi sono reso conto che la chiave per affrontare la diversità in classe era coltivare l'empatia. Mettermi nei panni dell'altro, comprendere le sue difficoltà, le sue paure e il suo potenziale. Molti studenti provenivano da contesti difficili e portavano carichi emotivi che spesso impedivano loro di concentrarsi sugli studi. C'era lo studente che doveva lavorare di notte per aiutare la famiglia e arrivò a scuola esausto. Oppure qualcuno che ha affrontato problemi a casa e, a scuola, ha trovato un rifugio, ma anche un luogo di distrazione.

Di fronte a tanta diversità, sono diventato un ascoltatore migliore. Non solo il contenuto con cui gli studenti hanno contribuito nelle loro risposte, ma anche le storie silenziose che hanno plasmato le loro vite. Ho scoperto che per essere un buon insegnante, dovevo essere anche un bravo studente: conoscere chi avevo di fronte, capire che ogni studente porta con sé un mondo di significati che non sempre può essere tradotto in voti o valutazioni formali. .

E così, giorno dopo giorno, mi sono trovato coinvolto in questo vortice di stili di apprendimento e personalità. Alla fine di ogni lezione, non importa quante volte adattassi una spiegazione o riformulassi un'attività, avevo sempre la sensazione che ci fosse ancora altro da fare. Perché l'aula è uno spazio vivo, che pulsa della diversità di ogni studente che vi si trova. Ed è proprio questa ricchezza umana a far sì che ogni giorno, per quanto impegnativo, ne valga la pena.

La diversità in classe non è qualcosa che può essere controllato, è qualcosa che si apprezza. È l'opportunità di vedere il mondo attraverso prospettive diverse, di imparare dalle storie e dalle esperienze che ogni persona porta con sé. E, alla fine, è questa diversità che ci ricorda che insegnare non è una questione di uniformità, ma di abbracciare la pluralità e, da lì, costruire ponti verso la conoscenza.

CAPITOLO 3: TRA GESSO E TECNOLOGIA: ADATTAMENTO AI TEMPI MODERNI

C'è stato un tempo in cui il suono del gesso che graffiava la lavagna era la colonna sonora costante delle aule. Le mani degli insegnanti, sempre ricoperte da un sottile strato di polvere bianca, tracciavano linee, diagrammi e formule che guidavano l'apprendimento. La lavagna, un pezzo di legno dipinto di nero o verde, era lo strumento didattico centrale, e il gesso era un'estensione del discorso dell'insegnante. Così è stato insegnato per decenni. E, in un certo senso, c'era qualcosa di magico in questo semplice metodo.

Tuttavia, il mondo è cambiato e con esso l'istruzione. L'arrivo della tecnologia in classe ha cambiato per sempre lo scenario della pratica didattica. All'improvviso, il gesso ha cominciato a essere sostituito da lavagne digitali e libri di carta, condividendo lo spazio con tablet e piattaforme didattiche online. Per molti insegnanti questa transizione non è stata e non è facile. E per me non è stato diverso.

Ricordo il momento in cui la scuola annunciò che in tutte le aule sarebbero state installate lavagne interattive. La notizia è arrivata con la promessa di modernizzare, di energizzare la didattica e di avvicinarla alla realtà degli studenti, che già erano quotidianamente connessi a smartphone e computer. Ma allo stesso tempo gli causava un certo disagio. Io, che mi sono sempre sentito a mio agio con un gesso in mano, ora avrei dovuto imparare a maneggiare attrezzature che sembravano appartenere a un altro mondo, molto lontano da quello che conoscevo.

La prima volta che ho utilizzato la lavagna digitale è stata, senza dubbio, un'esperienza strana. Il tocco del dito sullo schermo non sembrava avere lo stesso peso del gesso sulla lavagna. La sensazione era che qualcosa fosse andato perduto: forse la familiarità, il controllo quasi fisico dello spazio didattico. Mi sono accorto però che il disagio iniziale non proveniva dallo strumento in sé, ma dalla paura di affrontare qualcosa di nuovo. La tecnologia richiedeva qualcosa che il gesso non aveva mai richiesto: un adattamento costante e spesso rapido.

Con il tempo mi sono reso conto che la tecnologia, lungi dal sostituire la vecchia lavagna, poteva ampliarla. Quelli che una volta erano semplici disegni e formule statiche oggi sono diventati interattivi. Un video esplicativo, una simulazione digitale o anche una visita virtuale a un museo dall'altra parte del mondo erano improvvisamente a portata di clic. Gli studenti, già immersi in questo ambiente tecnologico, hanno risposto positivamente, prestando attenzione agli schermi che offrivano loro nuove modalità di apprendimento.

Ma se da un lato la tecnologia ha ampliato le possibilità, dall'altro ha comportato anche sfide inaspettate. Il primo era mantenere un equilibrio tra l'uso delle risorse digitali e l'essenza dell'insegnamento. Con così tanti strumenti a disposizione, era facile cadere nella tentazione di trasformare le lezioni in uno spettacolo di immagini e video, senza spazio per la riflessione e il dialogo. Ho capito che la tecnologia era una preziosa alleata, ma anche pericolosa se non utilizzata con saggezza. Bisognava saper dosare, trovare il punto giusto tra il gesso, che aveva ancora il suo valore, e i nuovi media digitali.

Inoltre, c'era la sfida di gestire le distrazioni. Nel mondo connesso, gli studenti non usano la tecnologia solo per imparare, ma anche per divertirsi. Messaggi, social network, giochi e video erano sempre a portata di mano, diventando diretti concorrenti dell'attenzione che, come insegnante, cercavo di catturare. Insegnare nell'era digitale è stato, in un certo senso, come cercare di parlare in mezzo a una piazza affollata, dove tutti parlano contemporaneamente e il volume delle voci sembra aumentare ogni secondo.

In questo nuovo scenario ho dovuto reinventarmi. L'insegnante che si limitava a trasmettere i contenuti diventava un mediatore tra conoscenze e tecnologie. Non potevo ignorare ciò che accadeva fuori dall'aula, ma non potevo nemmeno lasciare che le distrazioni dominassero l'apprendimento. Poi ho trovato, nelle metodologie attive, un modo per rendere gli studenti più partecipi, protagonisti della propria conoscenza, utilizzando la tecnologia come strumento, ma mai come fine a se stessa.

Ho imparato a fare pace con la modernità, senza abbandonare ciò che il vecchio gesso mi aveva insegnato. C'erano momenti in cui tornavo alla lavagna, soprattutto per i diagrammi che richiedevano semplicità e chiarezza. Altre volte, mi sono rivolto alla tecnologia per approfondire l'apprendimento, mostrando agli studenti come la conoscenza può essere vissuta, sperimentata e condivisa oltre le mura della classe.

In questo processo di adattamento una cosa divenne chiara: il gesso e la tecnologia non erano rivali, ma complementari. Ciò che contava, alla fine, era il rapporto umano che si instaurava tra me e i miei studenti, indipendentemente dallo strumento che utilizzavo. Che si trattasse di un semplice gesso o di una lavagna digitale di ultima generazione, la sfida era la stessa: suscitare interesse, rendere significativo l'apprendimento e, soprattutto, mostrare che la conoscenza è un ponte verso il mondo.

Il passaggio dal gesso alla tecnologia non è stato solo un cambiamento di strumenti, ma un cambiamento di mentalità. Per continuare a insegnare, avevo bisogno di continuare a imparare. Ho imparato che, in un mondo in continua trasformazione, anche l'insegnante ha bisogno di trasformarsi. E, così come il gesso si consuma con l'uso, anche la nostra pratica pedagogica cambia di giorno in giorno. Ma l'essenza dell'insegnamento rimane la stessa: costruire ponti tra la conoscenza degli studenti e la realtà.

Con l'avvento delle piattaforme digitali nell'istruzione, non solo le risorse didattiche sono state trasformate, ma anche il modo in cui viene misurato l'apprendimento. All'improvviso, l'attenzione non si concentrò più esclusivamente sullo sviluppo dello studente come individuo e cominciò a concentrarsi sui numeri, sui grafici e sui rapporti generati dai sistemi automatizzati. Ogni compito, ogni classe e ogni interazione cominciavano a trasformarsi in dati che sarebbero poi serviti per valutare non solo il rendimento degli studenti, ma anche il lavoro degli insegnanti e, in ultima analisi, l'efficacia della scuola stessa.

Questo movimento è stato guidato da una tendenza più ampia: il desiderio di "modernizzare" l'insegnamento sulla base di risultati quantitativi, come se l'istruzione potesse essere ridotta a un insieme di indicatori. Il governo, in molti casi, ha cominciato a richiedere a insegnanti e dirigenti scolastici di presentare dati che "dimostrassero" l'efficacia dell'insegnamento. Le piattaforme digitali sono state introdotte non solo come strumenti di supporto, ma come strumenti di monitoraggio e valutazione, dove ogni interazione – una risposta corretta, un compito completato, l'accesso ai contenuti online – veniva conteggiata e trasformata in metriche che, alla fine, formavano un dashboard delle prestazioni.

Questa trasformazione ha portato con sé una serie di sfide e cambiamenti nella pratica pedagogica. Da un lato è innegabile che l'utilizzo di queste piattaforme abbia il suo valore. Facilitano il monitoraggio degli studenti, consentendo sia agli insegnanti che agli amministratori di vedere, in tempo reale, chi sta facendo progressi e chi ha bisogno di maggiore supporto. Offrono inoltre una visione ampia del rendimento della classe, aiutano a identificare modelli comportamentali e a prendere decisioni più informate.

Tuttavia, man mano che questi strumenti sono diventati sempre più centrali nella vita scolastica quotidiana, qualcosa ha cominciato a perdersi. L'istruzione, un processo umano, creativo e individualizzato, è stata gradualmente modellata dai limiti delle piattaforme e degli algoritmi. Invece di concentrarci sulle competenze e sullo sviluppo integrale dello studente, iniziamo a dare priorità ai numeri che generano. L'insegnamento si è avvicinato pericolosamente a una catena di montaggio, dove ciò che conta è la produttività: quanti compiti sono stati completati, quanti punti sono stati ottenuti, quanti studenti hanno ottenuto i voti attesi.

Questa logica, trasformando gli studenti in dati, spesso ignora il contesto e le difficoltà che ciascuno si trova ad affrontare. Gli studenti con ritmi di apprendimento diversi, o con difficoltà emotive e sociali, finiscono per essere misurati con la stessa regola di coloro che si adattano rapidamente al formato digitale. E, alla fine, i dati sono presentati come se potessero riflettere la complessità dell'insegnamento e dell'apprendimento.

Inoltre, la pressione per ottenere risultati ricade sugli insegnanti. Sta a noi far migliorare i numeri, far salire i grafici, come se il nostro ruolo fosse solo quello di lavoratori in una catena di montaggio del sapere. È facile dimenticare che dietro ogni numero c'è una storia, una realtà che non può essere catturata nei resoconti. L'istruzione, nella sua essenza, è una relazione viva tra le persone, non una serie di dati che devono essere ottimizzati.

Un altro effetto di questa trasformazione digitale è stata la gamification delle lezioni. Nel tentativo di rendere l'insegnamento più attraente per gli studenti, le piattaforme iniziarono a incorporare elementi tipici dei giochi: punteggi, classifiche, medaglie e sfide. L'idea era che, sentendosi ricompensato con questi "premi", lo studente sarebbe stato più coinvolto e avrebbe imparato in modo più divertente. E infatti molti studenti, soprattutto quelli più giovani, rispondono positivamente a questo tipo di approccio. La gamification, ben applicata, può stimolare l'apprendimento, aumentare l'interesse e motivare gli studenti a superare gli ostacoli.

Tuttavia, questa stessa caratteristica ha il suo lato oscuro. Trasformando l'apprendimento in un gioco, rischiamo di ridurre la conoscenza a mera competizione a punti. Il valore della conoscenza, dell'interrogarsi, della riflessione profonda, può essere facilmente dimenticato quando l'attenzione è rivolta all'accumulo di medaglie digitali o al raggiungimento della vetta di una classifica. L'educazione, che dovrebbe essere un processo di formazione umana e critica, può finire per essere sostituita da un sistema superficiale, dove l'obiettivo principale è "vincere" anziché "imparare".

Essere tenuti in ostaggio esclusivamente dalla didattica digitale ha le sue implicazioni. Sebbene offra vantaggi quali l'accessibilità e la personalizzazione dell'insegnamento, può anche promuovere un allontanamento dall'essenza dell'apprendimento. Lo schermo, pur essendo efficiente, non sostituisce il contatto umano, lo scambio di sguardi, i dubbi inespressi che nascono nell'ambiente faccia a faccia. La tecnologia può e deve essere uno strumento potente nel processo educativo, ma quando diventa l'unica via si corre il rischio di disumanizzare l'insegnamento.

Infine, la grande domanda è: stiamo davvero educando o semplicemente formando gli studenti per rispondere alle richieste delle piattaforme e dei report? Quando l'istruzione è governata dall'imperativo dei numeri e dei risultati digitali, la profondità dell'apprendimento può essere compromessa. Stiamo formando cittadini critici, capaci di riflettere sul mondo che li circonda, o li stiamo semplicemente preparando a raggiungere obiettivi e raggiungere indici? La risposta, forse, dipende da come riusciamo a bilanciare l'uso di questi strumenti con l'essenza umana dell'istruzione.

La tecnologia, con tutte le sue potenzialità, deve essere un alleato e non un dittatore. Il gesso, che per tanto tempo è stato il simbolo dell'insegnamento, ha ancora molto da insegnarci. Anche in un mondo digitale, dobbiamo ricordare che la vera educazione non si misura dai numeri, ma dall'impatto che ha sulla vita delle persone.

Tra il gesso e la tecnologia ho trovato la mia strada. Non è stato facile e non sarà certamente l'ultimo cambiamento che vivrò, ma ho imparato che insegnare è soprattutto un esercizio di adattamento. E, che sia con il gesso o con uno schermo interattivo, ciò che conta davvero è il viaggio condiviso con gli studenti, dove l'apprendimento avviene insieme e l'aula, con o senza tecnologia, rimane uno spazio di infinite possibilità.

CAPITOLO 4: SILENZIO O CAOS? IL DILEMMA DELLA DISCIPLINA

Mantenere un'aula in perfetto ordine è, per molti, un ideale quasi irraggiungibile. Quando immaginiamo la figura di un insegnante, spesso lo associamo a qualcuno che, con naturale autorità, dirige una classe in completa armonia. L'insegnante parla, gli studenti ascoltano in silenzio, tutti imparano con attenzione e rispetto. Questa è la visione idilliaca, e in pochi istanti, lo confesso, questo scenario si materializza davvero. Ma la maggior parte delle volte, la realtà della classe è più vicina al caos che al silenzio.

La sfida della disciplina scolastica è sempre stata presente nell'educazione. Tuttavia, con il passare degli anni, questo dilemma sembra essere diventato ancora più complesso. Da un lato, gli studenti di oggi portano con sé una diversità di comportamenti e realtà che riflettono le trasformazioni sociali e familiari. D'altronde, l'idea stessa di disciplina ha subito profondi cambiamenti, con approcci più flessibili che, pur cercando di rispettare l'individualità degli studenti, finiscono per creare tensioni con l'autorità tradizionalmente esercitata dall'insegnante.

Ricordo una delle mie prime lezioni, all'inizio della mia carriera, dove l'indisciplina sembrava essere diventata parte del DNA della classe. C'erano giorni in cui semplicemente essere ascoltati sembrava una vittoria. Gridare per attirare l'attenzione, sbattere sul tavolo, fare un gesto enfatico... nulla sembrava sortire alcun effetto. Il tumulto travolse ogni tentativo di insegnamento. La classe, come entità collettiva, decideva se l'insegnante avrebbe potuto o meno portare a termine il suo compito quel giorno. Il senso di impotenza, in quei momenti, era travolgente.

E, naturalmente, c'è sempre il consiglio dei colleghi più esperti: "Sii fermo fin dal primo giorno", "Non fargli vedere che possono controllarti", "Inserisci rispetto". Ma queste massime, che in teoria sembravano così ovvie, erano più difficili da applicare nella pratica. E così mi sono ritrovato intrappolato tra due estremi: il tentativo di mantenere l'aula in un silenzio assoluto, quasi militare, oppure l'abbandono totale al caos, accettando che, forse, questa classe non sarebbe stata come le altre.

Col tempo mi sono reso conto che il problema della disciplina non era una semplice questione di autorità o di controllo. Il silenzio totale, per quanto allettante, non significava necessariamente apprendimento. Allo stesso modo, il caos rumoroso non era sinonimo di fallimento assoluto. La chiave era trovare l'equilibrio tra questi due estremi: uno spazio dove erano presenti rispetto e attenzione, ma dove c'era anche la libertà per gli studenti di esprimersi, commettere errori e interagire.

Questo equilibrio, ovviamente, varia da classe a classe, da studente a studente. Ogni gruppo di studenti porta con sé una dinamica unica, un insieme di regole non dette che governano il comportamento collettivo. E come insegnante, uno dei compiti più difficili è identificare queste dinamiche e agire di conseguenza. In alcune classi, una presenza ferma e la definizione di confini chiari funzionano bene. In altri, un approccio più flessibile, basato sul dialogo e sulla creazione di un ambiente di fiducia, tende a generare risultati migliori.

Il dilemma disciplinare rivela anche qualcosa di più profondo: il ruolo dell'insegnante nella vita degli studenti. Non siamo solo trasmettitori di conoscenza. Spesso funzioniamo come una delle poche figure autoritarie che gli studenti incontrano nella loro vita quotidiana. E questa autorità, contrariamente a quanto molti possano pensare, non dovrebbe essere esercitata attraverso la paura o l'imposizione di regole rigide. Si basa sul rispetto reciproco, sulla creazione di legami di fiducia e, soprattutto, sulla consapevolezza che ogni studente è un individuo con le proprie esigenze, aspettative e limiti.

Sarebbe tuttavia ingenuo pensare che il rispetto sia sempre qualcosa di naturale e che il dialogo basti a risolvere tutti i conflitti. Ci sono giorni in cui la pazienza finisce. Giorni in cui il rumore sembra prendere il sopravvento nella stanza e nulla sembra funzionare. In questi momenti sorge l'inevitabile dubbio: cosa sto sbagliando? È stata una mancanza di autorità? Mancanza di esperienza? Oppure potrebbe essere che, in mezzo a così tanti cambiamenti nell'istruzione, il concetto stesso di disciplina debba essere rivalutato?

Negli ultimi anni, le discussioni sulla disciplina in classe sono arrivate a includere l'impatto delle nuove tecnologie e l'influenza dell'ambiente esterno sulla vita degli studenti. Molti studenti, soprattutto i più piccoli, arrivano a scuola già immersi in un mondo di stimoli costanti: social network, video veloci, giochi online. Questo ritmo accelerato contrasta con l'ambiente scolastico, dove sono richieste attenzione e concentrazione per lunghi periodi. Mantenere la disciplina, in questi casi, significa lottare contro la marea di distrazioni che ti circondano in ogni momento.

Inoltre c'è la questione delle emozioni. Comprendiamo sempre più spesso che il comportamento degli studenti è direttamente correlato al loro stato emotivo. Problemi familiari, difficoltà sociali, ansia e insicurezze sono fattori che influenzano direttamente il comportamento degli studenti in classe. L'indisciplina è spesso la manifestazione di un problema più profondo, una richiesta di attenzione che, se ignorata, può degenerare.

In questo scenario, il ruolo dell'insegnante non è solo disciplinare, ma anche accogliere. E questo pone un nuovo dilemma: come imporre limiti senza perdere l'empatia? Come mantenere l'ordine senza soffocare l'individualità? È un equilibrio delicato e non sempre lo raggiungiamo bene. Ci sono momenti in cui siamo troppo rigidi e l'ambiente di apprendimento si chiude. In altri siamo troppo flessibili e il caos prende il sopravvento.

Nella ricerca di questo equilibrio, ho imparato l'importanza dell'ascolto. Ogni studente porta con sé un bagaglio che non sempre è visibile al primo sguardo. A volte una conversazione privata, un momento di consapevolezza dedicato a comprendere cosa c'è dietro un comportamento dirompente, può trasformare completamente la dinamica della stanza. E, naturalmente, ci sono momenti in cui è necessario essere fermi, imporre limiti e far capire che ci sono regole da seguire. Ma sempre con la consapevolezza che, in fondo, il rispetto non è necessario. Conquista se stesso.

Infine, il dilemma disciplinare non ha soluzione definitiva. È una danza costante tra controllo e libertà, tra silenzio e caos. E, come insegnante, ho imparato che l'importante non è evitare il conflitto a tutti i costi, ma saperlo affrontare in modo costruttivo, comprendendo che l'educazione è anche un processo di negoziazione tra aspettative e realtà.

CAPITOLO 5: L'ARTE DEL MULTITASKING: INSEGNANTE, PSICOLOGO E MEDIATORE

Essere insegnante, di per sé, è già una grande sfida. È un ruolo che richiede non solo padronanza della materia, ma anche aggiornamento costante, creatività e dedizione. Tuttavia, la realtà della classe va ben oltre il semplice insegnamento dei contenuti. L'insegnante, ogni giorno, svolge molteplici funzioni e assume ruoli che vanno ben oltre quello di educatore. Siamo psicologi, mediatori di conflitti, consulenti e, molte volte, una presenza di stabilità in vite segnate da turbolenze.

L'aula, con tutta la sua diversità, funziona come un microcosmo della società, dove ogni studente contribuisce con le proprie storie, emozioni e problemi. In questo ambiente, l'insegnante è costretto ad assumere più ruoli, svolgendo compiti che non erano presenti nel manuale al momento della scelta della professione. E, in questa molteplicità di ruoli, emerge una competenza essenziale: l'arte del multitasking.

Ricordo una giornata particolarmente caotica, in cui il semplice compito di insegnare sembrava il meno importante tra tanti altri problemi. Ho iniziato la lezione con una revisione di contenuti importanti per un esame. Nel bel mezzo della spiegazione, notò che uno studente, seduto in fondo all'aula, aveva gli occhi rossi, chiaramente trattenendo le lacrime. Allo stesso tempo, due studenti davanti a loro stavano discutendo ad alta voce su qualcosa apparentemente irrilevante, come chi avrebbe dovuto guidare il gruppo in un progetto. E, nell'angolo, un altro studente era visibilmente perso, distratto dal cellulare e completamente disconnesso dalla lezione.

Immediatamente mi sono trovata di fronte a un bivio: come potevo continuare il corso mentre intorno a me si svolgeva un turbinio di emozioni e piccole crisi individuali? La risposta, come tante volte nel corso della mia carriera, è stata semplice: multitasking. Non poteva ignorare il dolore dello studente, né evitare di affrontare il conflitto tra i due colleghi e, allo stesso tempo, avrebbe dovuto mantenere l'attenzione sullo studente disperso. Tutto questo, senza smettere di spiegare il materiale al resto della classe.

È stato allora che ho capito che insegnare non significa solo trasferire conoscenze. È soprattutto un esercizio di ascolto attivo ed empatia. Essere insegnante significa essere attenti non solo a ciò che viene detto, ma anche a ciò che non viene verbalizzato, al sottotesto emotivo che permea la quotidianità scolastica. Molti dei nostri studenti portano pesi invisibili, problemi che spesso non trovano spazio per essere risolti fuori dall'aula. E, come insegnanti, diventiamo una sorta di psicologi improvvisati, cercando di capire cosa si nasconde dietro certi comportamenti, silenzi prolungati o slanci di irritazione.

Questa capacità di essere una figura di supporto emotivo per gli studenti richiede sensibilità. Ogni giorno ci confrontiamo con le realtà familiari, sociali e personali che i nostri studenti portano con sé. Ci sono studenti che stanno affrontando la separazione dei genitori, altri che si trovano ad affrontare difficoltà finanziarie o problemi di autostima. In molti casi, siamo i primi adulti a notare i segnali che qualcosa non va. E, in questo momento, il nostro ruolo di insegnanti va oltre il contenuto accademico.

Naturalmente non abbiamo una formazione psicologica e spesso ci sentiamo impotenti nell'offrire l'aiuto di cui gli studenti hanno veramente bisogno. Ma essere un punto di sostegno, dimostrare che siamo lì per ascoltare e accogliere, fa già una grande differenza. A volte basta un semplice "come stai?" o un gesto di comprensione per alleviare il peso che porta lo studente.

Oltre ad essere uno psicologo, l'insegnante è costantemente anche un mediatore dei conflitti. In una classe con decine di personalità diverse, gli attriti sono inevitabili. Piccoli disaccordi che, se non risolti rapidamente, possono diventare grandi scontri. E sta a noi, con la pazienza del diplomatico, intervenire in questi momenti, cercando di trovare una via di mezzo, una soluzione che eviti che l'ambiente di apprendimento si deteriori.

Mediare i conflitti tra gli studenti è un compito delicato, che richiede un equilibrio tra fermezza e comprensione. Da un lato occorre dimostrare che ci sono regole e limiti che vanno rispettati. D'altra parte, è fondamentale ascoltare tutte le parti coinvolte e cercare di capire qual è realmente la posta in gioco. Spesso il motivo del conflitto è solo un pretesto per qualcosa di più profondo: insicurezze, rivalità o la semplice difficoltà di convivere in gruppo. In questo ruolo di mediazione, l'insegnante non solo risolve i conflitti immediati, ma insegna anche agli studenti importanti lezioni sulla convivenza, sul rispetto e sull'empatia.

L'arte del multitasking, però, va oltre l'aspetto emotivo e relazionale. L'insegnante moderno ha bisogno di conciliare, allo stesso tempo, le esigenze pedagogiche con la burocrazia educativa, le aspettative dei genitori e degli amministratori, e il costante bisogno di innovarsi e reinventarsi. La vita di tutti i giorni è piena di creazione di piani di lezione, correzione di compiti, gestione di piattaforme digitali, preparazione di relazioni e riunioni didattiche. In mezzo a tutto questo è necessario trovare spazio per le interazioni umane che, in fondo, sono l'essenza dell'insegnamento.

Questa molteplicità di ruoli, ovviamente, è estenuante. Spesso ci sentiamo divisi tra così tante responsabilità che è difficile gestirle tutte. La pressione di essere un insegnante esemplare e allo stesso tempo svolgere il ruolo di psicologo, consulente e mediatore può essere travolgente. Ci ricorda costantemente che, sebbene amiamo ciò che facciamo, la nostra professione ha un costo emotivo e mentale che non sempre viene riconosciuto.

Tuttavia, c'è una bellezza unica in questo viaggio multitasking. Ogni ruolo che svolgiamo contribuisce alla crescita e allo sviluppo dei nostri studenti. Essere insegnante significa insegnare formule matematiche, date storiche o la grammatica di una lingua. Ma si tratta anche di guidare i nostri studenti nel loro viaggio personale, aiutandoli ad affrontare le proprie emozioni, a risolvere i loro conflitti e a diventare cittadini consapevoli e responsabili.

Nel corso degli anni mi sono reso conto che, per quanto difficile sia il multitasking, è proprio questa molteplicità di ruoli a rendere il lavoro di insegnante così gratificante. Ogni volta che aiutiamo uno studente a superare una crisi personale, a mediare un conflitto o a offrire una parola di sostegno in un momento difficile, non stiamo solo insegnando, ma trasformando la vita. E questa, dopotutto, è la vera arte di essere insegnante.

CAPITOLO 6: STUDENTI PROTAGONISTI – STORIE DI TRASFORMAZIONE

Nel corso della carriera di insegnante incontriamo centinaia, forse migliaia di studenti, ciascuno con la propria storia, aspirazioni e sfide. Per molti, l'insegnante è un'altra figura nella loro vita, qualcuno che passa, insegna contenuti e va avanti. Ma, per altri, ci sono momenti in cui qualcosa cambia – una lezione, una conversazione, un gesto – e, all'improvviso, quello studente si trasforma. Prende la guida della propria vita, inizia a vedere l'istruzione in un modo diverso ed è in quel momento che avviene la magia dell'aula.

Tuttavia, queste trasformazioni sono raramente istantanee. Spesso emergono gradualmente, frutto di piccoli incontri e disaccordi, successi e fallimenti. Come insegnanti, non sempre abbiamo l'opportunità di vedere il risultato finale di questi cambiamenti, ma quando lo facciamo sentiamo che, in qualche modo, la nostra missione è stata compiuta. Ogni storia di trasformazione è unica e tutte mi hanno insegnato qualcosa sul potere dell'istruzione e sulla resilienza degli studenti.

Qui lavorerò con nomi fittizi, uno dei primi esempi che mi viene in mente è Elisio, uno studente che sembrava destinato al fallimento. Era in ritardo quasi ogni giorno, apriva a malapena i suoi quaderni ed era considerato "fastidioso" dagli altri insegnanti. Le notizie su di lui erano sempre negative e l'aspettativa generale era che abbandonasse la scuola prima ancora di finire il liceo. Ma, dietro la facciata ribelle e disinteressata, si nascondeva un giovane che lottava con una realtà familiare difficile, una serie di delusioni e un profondo senso di inferiorità.

Una volta, mentre parlavamo di un argomento di letteratura, ho notato che Elisio prestava attenzione in modo diverso. Lui non ha partecipato, ma i suoi occhi erano fissi su di me e c'era una curiosità latente. Dopo la lezione, mi sono avvicinato a lui e gli ho chiesto cosa ne pensasse dell'argomento. Con esitazione disse che gli piaceva scrivere, ma che nessuno lo sapeva. Abbiamo iniziato a parlare più spesso e lui ha iniziato a mostrarmi i suoi testi, pieni di dolore crudo ma anche di sorprendente immaginazione. Ciò che non trovò in casa, né tra i suoi compagni, cominciò a trovarlo per iscritto.

La trasformazione di Elisio fu lenta, ma evidente. La scrittura gli ha dato un nuovo modo di esprimere le sue emozioni e poco a poco è stato sempre più coinvolto nella scuola. Non si trattava solo di voti, ma di un cambiamento di atteggiamento, di qualcuno che iniziava a credere in se stesso. Elisio, un tempo in disparte, divenne protagonista della propria vita, utilizzando la letteratura come strumento di emancipazione. Alla fine di quell'anno, quando consegnò il suo ultimo incarico di scrittura, mi disse: "Mi hai fatto vedere che posso essere più di quanto tutti si aspettassero da me".

Un altro esempio indimenticabile è stato Mariana, una studentessa timida che si nascondeva sempre in fondo all'aula. Mariana non era "problematica" come Elisio, ma neanche lei si vedeva. La sua presenza era così discreta che, a volte, i suoi stessi compagni si dimenticavano della sua esistenza. Non partecipava mai alle discussioni, evitava il contatto visivo e sembrava sempre essere in disparte da tutto.

Un giorno, durante una lezione su ambiente e progetti sociali, ho chiesto agli studenti di proporre un'idea per migliorare la comunità. Era un'attività di gruppo e immaginavo che Mariana, come sempre, avrebbe lasciato che fossero gli altri a decidere per lei. Ma, con mia sorpresa, ho visto che, in quel gruppo, era lei a condurre la discussione. A poco a poco, i suoi colleghi iniziarono ad ascoltare le sue idee e, per la prima volta, assunse una posizione di leadership. Mariana ha proposto di creare un orto comunitario nella scuola e il suo entusiasmo ha contagiato il gruppo.

Quando è arrivato il momento di presentare il progetto alla classe, lei, che ha sempre evitato di parlare in pubblico, ha alzato la testa e ha spiegato con passione i vantaggi della sua proposta. Tutta la sala ha applaudito e in quel momento Mariana, che era sempre stata invisibile, è diventata la protagonista. La fiducia che ha guadagnato da quel progetto si è riflessa in altri ambiti della sua vita. Ha iniziato ad esprimersi di più, a cercare nuove sfide e alla fine dell'anno è stata acclamata dai suoi compagni di classe come una delle studentesse più devote.

Queste storie mostrano che il ruolo dell'insegnante va ben oltre il contenuto accademico. Essere insegnante significa essere facilitatore di trasformazioni. Ogni giorno abbiamo l'opportunità di creare piccoli momenti che, in futuro, potranno diventare grandi cambiamenti nella vita dei nostri studenti. E questi cambiamenti non avvengono solo con parole di incoraggiamento o sostegno emotivo, ma anche quando permettiamo loro di assumere il controllo del proprio apprendimento e della propria vita.

Naturalmente non tutti gli studenti saranno protagonisti di storie di miglioramento così visibili. Molti si trasformano in modi più sottili, forse senza mai distinguersi in pubblico, ma interiorizzando apprendimenti che li aiutano ad andare avanti. Tuttavia, è riconoscendo queste piccole vittorie che troviamo il vero significato dell'insegnamento. Per molti dei nostri studenti essere protagonisti significa soprattutto prendere in mano le redini del proprio destino, comprendere che l'educazione non è qualcosa che accade loro, ma qualcosa che costruiscono attivamente.

E come insegnante, la cosa più gratificante è sapere che, anche quando la strada è difficile, quando gli ostacoli sembrano insormontabili, c'è sempre la possibilità di trasformazione. Molti studenti, all'inizio del loro percorso, non credono nelle proprie potenzialità. Provengono da realtà in cui è stato detto loro, direttamente o indirettamente, che non sono capaci, che non appartengono, che non sono abbastanza bravi. Ma offrendo loro l'opportunità di essere ascoltati, dando loro l'opportunità di correre dei rischi ed esprimersi, possiamo contribuire a cambiare questa narrazione. Possiamo ispirarli a capire che, nonostante le difficoltà, hanno il potere di cambiare la propria vita.

Il protagonismo degli studenti non è solo un concetto astratto che appare nei documenti pedagogici. Si manifesta nella quotidianità della classe, nelle piccole conquiste, nei momenti in cui gli studenti si rendono conto di essere capaci di molto più di quanto immaginassero. E spetta a noi insegnanti identificare questi momenti, alimentare questa fiamma e celebrare ogni passo compiuto verso la trasformazione.

Alla fine, le storie di trasformazione che vediamo nei nostri studenti sono anche le nostre storie di trasformazione. Con ogni studente che diventa protagonista, noi, come insegnanti, miglioriamo nella nostra professione, imparando, crescendo e ispirandoci a continuare il viaggio.

CAPITOLO 7: DIETRO LE QUINTE DELLA CLASSE – PIANIFICAZIONE E IMPROVVISAZIONE

La classe che gli studenti vedono e sperimentano è solo la punta dell'iceberg. Dietro ogni spiegazione, attività o discussione c'è un lavoro invisibile ma fondamentale che raramente passa inosservato. Questo lavoro avviene dietro le quinte, prima che suoni la campanella, quando l'insegnante si siede da solo, con quaderni, libri, piattaforme digitali e la propria esperienza accumulata, cercando di pianificare il modo migliore per guidare la lezione successiva. Pianificare una lezione non significa solo seguire un piano di studi o il calendario degli incontri; È un processo creativo, che richiede riflessione, analisi e, molte volte, una buona dose di improvvisazione.

All'inizio della mia carriera di insegnante, ricordo di aver passato ore a pianificare le lezioni. Ogni dettaglio è stato pensato meticolosamente: quale sarebbe stata la sequenza dei contenuti, quali domande avrebbero fatto riflettere gli studenti, quali attività sarebbero state più interessanti. Ho organizzato il mio tempo in modo rigido, credendo che se la pianificazione fosse stata impeccabile, la lezione sarebbe stata perfetta. E, a volte, questa organizzazione ha dato i suoi frutti: la classe scorreva, gli studenti partecipavano e i contenuti venivano trasmessi in modo chiaro. Tuttavia, ciò che ho imparato presto è che anche la pianificazione meglio preparata può essere completamente smantellata da eventi imprevisti in classe.

La verità è che l'insegnamento, come ogni attività umana, è imprevedibile. L'insegnante può passare la notte a progettare una brillante lezione sulle equazioni o sulle rivoluzioni storiche, ma quando arriva in aula scopre che gli studenti sono dispersi o che una domanda inaspettata cambia completamente il corso del dibattito. Ed è allora che la capacità di improvvisare diventa fondamentale. Ciò che molti non capiscono è che il vero talento di un insegnante sta nella capacità di destreggiarsi tra progettazione e improvvisazione, di aggiustare la rotta quando necessario, senza perdere il filo dell'apprendimento.

Una volta avevo preparato un corso molto teorico sulla geopolitica, basato su grafici e dati che richiedevano molta concentrazione da parte degli studenti. Ero fiducioso che, con gli strumenti giusti, avrebbero compreso la complessità dei problemi. Tuttavia, quando ho iniziato, ho notato che la stanza era tesa e disinteressata. Gli sguardi abbattuti e le conversazioni secondarie indicavano che qualcosa non andava. La mia pianificazione, che sulla carta sembrava perfetta, nella pratica non funzionava. Quindi, senza esitazione, ho cambiato completamente focus.

Invece di soffermarmi sulle classifiche, ho posto una semplice domanda: "Cosa pensi che stia accadendo nel mondo in questo momento che potrebbe influenzare il tuo futuro?" Ciò ha generato un momentaneo silenzio, seguito da una valanga di opinioni e domande. La lezione, che avrebbe dovuto essere puramente espositiva, è diventata una ricca discussione in cui gli studenti hanno iniziato a mettere in relazione il contenuto con le proprie esperienze e percezioni. Alla fine, copriamo i contenuti di geopolitica in modo più dinamico e interattivo, senza abbandonare il rigore concettuale, ma lasciando che l'improvvisazione dia nuova vita alla classe.

Questa esperienza mi ha insegnato che la pianificazione è, senza dubbio, essenziale. Ci dà una struttura, un percorso da seguire. Ma è anche fondamentale capire che il piano è solo una base. La realtà della classe è viva, organica e l'insegnante deve essere sempre pronto ad adattarsi. Improvvisare non significa mancanza di preparazione, anzi, è proprio la capacità di progettare in modo flessibile che permette all'insegnante di improvvisare con sicurezza e assertività.

Dietro le quinte in classe, il processo di pianificazione è un'arte in sé. Ogni insegnante ha il suo metodo. Alcuni preferiscono seguire rigorosamente le linee guida curriculari, organizzando meticolosamente ogni fase, mentre altri optano per un approccio più libero, con spazio per aggiustamenti man mano che la classe procede. Nel corso degli anni ho sviluppato un equilibrio tra questi due estremi. Mi piace avere una tabella di marcia, un obiettivo chiaro, ma ho imparato a lasciare spazio all'imprevisto, ai contributi spontanei degli studenti e ai momenti in cui è necessario seguire un percorso diverso da quello previsto.

Inoltre, la pianificazione non riguarda solo i contenuti. Coinvolge anche la logistica della classe. Ogni classe ha le sue dinamiche e parte del lavoro dietro le quinte è capire come creare un ambiente favorevole all'apprendimento. Dove far sedere gli studenti? Come organizzare i gruppi di lavoro? Quali risorse saranno necessarie per facilitare l'apprendimento? Questi problemi fanno tutti parte del processo e spesso devono essere adeguati con il progredire dell'anno scolastico.

Tuttavia, per quanto essenziale sia la pianificazione, l'improvvisazione è l'abilità che ci tiene a galla quando il piano fallisce. E credimi, fallisce più volte di quanto vorremmo. Gli studenti possono arrivare con problemi personali che influenzano il loro comportamento, i contenuti potrebbero non essere assorbiti nel modo in cui li immaginiamo, o anche un semplice problema tecnico, come il proiettore non funzionante, può smantellare l'intera struttura che abbiamo costruito. È in questi momenti che l'insegnante si rivela un vero "giocoliere", facendo andare avanti tutti gli aspetti della lezione, anche quando qualcosa va fuori dai binari.

Ma l'improvvisazione, come la pianificazione, non è qualcosa che avviene in modo casuale. Richiede esperienza e soprattutto conoscenza. Un insegnante che conosce profondamente il contenuto che sta insegnando può improvvisare in modo efficace perché ha fiducia in ciò che sta facendo. Puoi cambiare focus, creare una nuova analogia o riorganizzare un'attività perché sai qual è l'obiettivo finale e come arrivarci attraverso percorsi diversi. La profonda conoscenza dei contenuti dà all'insegnante la libertà di creare e adattare, senza perdere di vista l'essenza dell'apprendimento.

Un altro punto importante dietro le quinte della lezione è che la pianificazione non termina quando finisce la lezione. Riflettere su cosa è successo, cosa ha funzionato e cosa può essere migliorato è parte integrante di questo processo. Ogni lezione è un'opportunità di apprendimento, non solo per gli studenti, ma anche per l'insegnante. Ed è attraverso queste riflessioni che adattiamo i nostri metodi, miglioriamo le nostre tecniche e diventiamo più capaci di affrontare le sfide che si presentano ogni giorno.

Essere insegnante, in fondo, significa essere in costante equilibrio tra ciò che si progetta e ciò che deve essere improvvisato. E, paradossalmente, più ci prepariamo, più libertà abbiamo di improvvisare con successo. La pianificazione è la solida base che ci permette, quando necessario, di usare creatività e intuito per adattare la classe alle esigenze del momento. Ed è in questa danza tra il prevedibile e l'imprevedibile che si realizza la vera arte dell'insegnamento.

Oggi, la realtà della classe è cambiata drasticamente con l'imposizione di materiali digitali già pronti, offerti dai dipartimenti educativi. Sono le famose slide, precedentemente preparate e distribuite agli insegnanti come un copione da seguire alla lettera. La proposta iniziale è quella di ottimizzare i tempi, standardizzare la didattica e garantire che i contenuti vengano trasmessi in modo standardizzato a tutti gli studenti, indipendentemente da dove studiano. Tuttavia, questa standardizzazione ha portato con sé un importante effetto collaterale: la perdita della libertà accademica, uno dei pilastri più preziosi della professione docente.

Per decenni, gli insegnanti hanno avuto la libertà di adattare i contenuti in base al contesto della loro classe, tenendo conto delle esigenze specifiche dei loro studenti, delle loro particolarità regionali e della propria esperienza accumulata nel corso degli anni. Questa flessibilità ha permesso all'insegnante di adattare la metodologia e il focus dei contenuti, promuovendo una classe vivace e personalizzata con spazio per dibattiti più profondi, dove la creatività e l'autonomia pedagogica hanno fatto la differenza.

Con l'imposizione di questi materiali digitali già pronti, questa autonomia è stata drasticamente ridotta. La rigidità delle diapositive già pronte impone una sequenza di informazioni che spesso ignora le dinamiche particolari di ciascuna classe. L'insegnante è costretto a seguire un copione che non ammette deviazioni, né apre spazio ad esplorazioni più profonde o discussioni che possano sorgere organicamente durante la lezione. In altre parole, le classi divennero rigide.

Questa rigidità, ovviamente, non è passata inosservata agli studenti. Prima le lezioni avevano una dose di imprevedibilità, uno scambio più genuino tra studente e insegnante. Oggi molti studenti sanno già esattamente cosa aspettarsi. L'insegnante diventa quasi un narratore di diapositive, riproducendo semplicemente ciò che è sullo schermo, senza lo spazio necessario per aggiungere la propria visione o creare un'interazione più significativa. E l'effetto è diretto: diminuisce anche l'entusiasmo per l'apprendimento.

Tuttavia, è importante evidenziare che l'utilizzo di questi materiali digitali ha portato anche alcuni vantaggi. Garantiscono che sia coperto il contenuto minimo richiesto, fornendo una struttura standardizzata che può, in molti casi, aiutare con l'organizzazione e impedire che argomenti importanti vengano trascurati. Inoltre, per i nuovi insegnanti o per coloro che hanno difficoltà con la pianificazione, questi materiali già pronti forniscono una base che facilita il processo di preparazione iniziale.

Ma la conclusione è che rendere obbligatori questi materiali non dovrebbe sopprimere la libertà educativa. Ciò a cui assistiamo oggi è un tentativo di trasformare l'istruzione in una catena di produzione, in cui l'attenzione sembra concentrarsi maggiormente sui risultati quantitativi e meno sul processo pedagogico qualitativo. L'uniformità, che dovrebbe essere un modo per garantire l'equità educativa, finisce per minare l'essenza dell'insegnamento, che è proprio la capacità dell'insegnante di adattarsi e innovarsi alle particolarità dei propri studenti.

Un altro aspetto che non si può ignorare è la gamification che molte di queste piattaforme digitali portano, trasformando il processo di insegnamento-apprendimento in una serie di attività competitive, con classifiche e punteggi. Sebbene questo possa rappresentare un incentivo per alcuni studenti, crea anche una dipendenza da ricompense immediate e superficiali, distogliendo l'attenzione dal vero obiettivo dell'istruzione, che è la formazione critica e riflessiva dello studente.

Pertanto, l'insegnante, che dovrebbe essere il motore di questo processo, si limita a essere l'esecutore del copione di qualcun altro, il che può portare all'esaurimento e alla demotivazione. Alla fine, a rimetterci di più è lo studente, che non riceve un'istruzione veramente adatta alle sue esigenze e al suo contesto. La relazione umana, che è il cuore dell'insegnamento, si indebolisce e l'aula, che un tempo era uno spazio di scoperta, diventa solo un altro scenario per il completamento di compiti precedentemente formattati.

Pertanto, la discussione che dobbiamo avere è: in che misura questa standardizzazione e digitalizzazione promuovono davvero un'istruzione di qualità? E, soprattutto, come recuperare la libertà di insegnamento, affinché gli insegnanti possano tornare ad essere protagonisti della classe, adattandosi e innovandosi secondo la realtà dei propri studenti, senza perdere di vista i benefici che la tecnologia può offrire.

CAPITOLO 8: LE MONTAGNE RUSSE EMOTIVE – VITTORIE E FRUSTRAZIONI

Essere un insegnante significa intraprendere ogni giorno un vero e proprio ottovolante emotivo. Chi osserva da fuori può immaginare che la vita di un insegnante sia lineare, scandita da una routine prevedibile di preparazione delle lezioni, insegnamento e correzione degli esami. Chi vive però la classe sa che, ogni giorno, può nascere un'emozione nuova, dalla gioia contagiosa di vedere i progressi di uno studente alla frustrazione di rendersi conto che, nonostante tutti gli sforzi, ci sono ancora ostacoli insormontabili.

Le vittorie, anche se spesso silenziose, sono il carburante che mantiene motivati gli insegnanti. Non c'è niente di più gratificante che assistere a quel momento in cui uno studente, dopo diversi tentativi, riesce finalmente a comprendere un concetto difficile. La scintilla negli occhi, il sorriso di sollievo o il semplice gesto di gratitudine trasformano la fatica accumulata in un sentimento di realizzazione. Sono questi piccoli risultati che danno significato al lavoro e fanno sembrare che valga la pena dedicare tutte le ore di pianificazione, impegno e pazienza.

Ricordo, ad esempio, uno studente che, fin dall'inizio dell'anno scolastico, dimostrò un'estrema difficoltà in matematica. Evitava di frequentare le lezioni, raramente partecipava alle attività ed era spesso sopraffatta dall'ansia. A poco a poco mi sono reso conto che il suo problema non era la mancanza di interesse, ma la paura di fallire. Ad ogni errore, la sua fiducia diminuiva, creando un ciclo difficile da interrompere. Quindi ho deciso di cambiare il mio approccio. Invece di pressarla con richieste e aspettative, ho iniziato a lodarla per ogni piccolo progresso. A poco a poco si aprì, correndo sempre più rischi, finché, in un esame, riuscì a prendere un voto superiore alla media della classe. Il suo sorriso dopo aver ricevuto l'esame corretto è stata una delle più grandi ricompense che ho avuto come insegnante.

Questi momenti di vittoria sono gratificanti, ma le montagne russe emotive del professore hanno anche i suoi bruschi rovesci. Le frustrazioni fanno parte della vita quotidiana e spesso possono essere scoraggianti. Vedere uno studente arrendersi, nonostante tutti i tuoi sforzi per aiutarlo, o affrontare classi che sembrano disinteressate a ciò che hai da offrire, sono situazioni che mettono alla prova la resilienza di qualsiasi educatore.

Anche il sistema educativo, con la sua miriade di pressioni, contribuisce a queste frustrazioni. La richiesta di risultati numerici, scadenze ravvicinate e la sensazione che l'apprendimento autentico sia spesso relegato a favore degli obiettivi istituzionali, genera una costante tensione emotiva. Come riesci a bilanciare il desiderio di educare, trasformare e ispirare veramente con la necessità di compilare fogli di calcolo e soddisfare le aspettative burocratiche?

Una volta, dopo settimane di duro lavoro con una classe impegnativa, ho preparato un test che pensavo sarebbe stata un'opportunità per loro di dimostrare tutto ciò che avevano imparato. Ho passato notti a correggere attentamente le bozze, sperando di trovare segni di progresso. Tuttavia, i risultati furono deludenti. La maggioranza della classe non solo non riusciva a comprendere i concetti, ma sembrava disinteressata a migliorarli. Provavo una profonda frustrazione. Ho messo in dubbio la mia competenza e mi sono chiesto se stavo davvero facendo la differenza. Era come se tutto lo sforzo, la pazienza e il tempo investiti fossero stati vani.

Questi momenti di dubbio sono inevitabili, ed è allora che il lato emotivo della professione diventa ancora più evidente. Il maestro è, allo stesso tempo, il capitano che cerca di guidare la nave, e il marinaio che lotta contro le onde dell'incertezza. Non c'è modo di prevedere come sarà una giornata in classe, e spesso l'impatto del nostro lavoro si realizzerà solo anni dopo, quando gli studenti saranno abbastanza maturi da riconoscere ciò che è stato loro insegnato.

Le montagne russe emotive si manifestano anche nelle piccole frustrazioni quotidiane. Il comportamento indisciplinato di alcuni studenti, il mancato riconoscimento dello sforzo, l'apparente disinteresse della società nel valorizzare l'insegnamento e persino l'esaurimento fisico e mentale che la professione comporta sono sfide costanti. L'insegnante deve affrontare contemporaneamente aspettative personali ed esterne e non è sempre facile trovare l'equilibrio.

Ciò che però distingue l'insegnante è la capacità di trasformare queste frustrazioni in apprendimento. Ogni momento di difficoltà diventa una lezione preziosa, non solo per gli studenti, ma anche per l'insegnante stesso. Abbiamo imparato ad essere resilienti, a trovare nuovi modi per coinvolgere gli studenti, a superare i nostri limiti e, soprattutto, a continuare a credere nell'importanza del nostro lavoro, anche quando i risultati immediati non sono quelli che ci aspettavamo.

In fin dei conti, essere un insegnante significa vivere intensamente queste emozioni, imparare a celebrare ogni vittoria e affrontare ogni frustrazione. Ciò che ci fa andare avanti è la certezza che, ad un certo punto, i nostri sforzi faranno la differenza, sia in quello studente che finalmente capisce un concetto, sia in chi, anni dopo, ci trova e dice: "Grazie maestro, per Mai rinuncia a me."

Le montagne russe emotive della classe sono senza dubbio un viaggio pieno di alti e bassi, ma è proprio questa intensità a rendere il lavoro così significativo. Ogni giorno è una nuova opportunità di apprendimento, sia per gli studenti che per noi, e nonostante le difficoltà, c'è sempre un nuovo motivo per scalare la montagna successiva e continuare il viaggio.

CAPITOLO 9: VIOLENZA FISICA, EMOTIVA E PSICOLOGICA: LA REALTÀ CHE MINACCIA L'INSEGNANTE

Negli ultimi anni, la realtà dell'insegnante in classe è diventata molto più impegnativa di quanto qualsiasi libro o manuale pedagogico potesse prevedere. La violenza, nelle sue molteplici forme (fisica, emotiva e psicologica), è un fantasma costante che infesta la vita di molti insegnanti. Questo capitolo affronta le crescenti tensioni e minacce che fanno parte della vita quotidiana di chi, oltre all'insegnamento, deve fare i conti con un carico emotivo devastante, spesso ignorato dalla società.

La violenza fisica contro gli insegnanti, qualcosa che era inimmaginabile per le generazioni passate, è purtroppo diventata una triste realtà in alcune scuole. Le notizie di attacchi, risse e persino minacce di morte non sono più rare. Una semplice richiesta di rispetto o l'applicazione di una regola fondamentale può provocare reazioni violente da parte degli studenti. Questo non è solo un caso isolato o uno studente problematico. L'ambiente scolastico riflette spesso le tensioni e i conflitti della società, e l'insegnante finisce per diventare il bersaglio di queste frustrazioni.

Il numero di casi di violenza fisica contro gli insegnanti è allarmante. Durante le lezioni si danno pugni, calci, spinte e lanci di oggetti. Recentemente, i media hanno riportato una serie di episodi in cui gli insegnanti sono stati attaccati dagli studenti all'interno delle loro stesse classi, spazi che dovrebbero essere spazi di rispetto reciproco e di apprendimento. In uno di questi casi, un insegnante è stato aggredito fisicamente dopo aver rimproverato uno studente che violava le regole della scuola. Le immagini hanno scioccato il Paese, ma sfortunatamente casi come questo sono lungi dall'essere un'eccezione.

Ancora peggio è quando questa violenza non si limita agli studenti. In alcuni luoghi ci sono genitori che, invece di promuovere il rispetto per gli insegnanti, minacciano, intimidiscono e, in casi estremi, addirittura attaccano fisicamente gli insegnanti dei loro figli. Il rapporto tra scuola e famiglia, che dovrebbe essere collaborativo, a volte si trasforma in una disputa in cui l'insegnante è visto come il "cattivo". Sono sempre più frequenti le segnalazioni di insegnanti minacciati dai genitori dopo un brutto voto o un avvertimento rivolto al figlio. In una di queste situazioni, un'insegnante è stata minacciata da un padre che le aveva promesso di "aspettarla quando uscirà da scuola" per "prendere in mano la situazione". La paura è diventata parte della routine di molti insegnanti, che vivono sotto l'ombra costante della violenza.

La violenza emotiva e psicologica è ancora più insidiosa, poiché non lascia segni fisici, ma mina invece silenziosamente la salute mentale dell'insegnante. Commenti irrispettosi, umiliazioni pubbliche di fronte alla classe e minacce velate si accumulano e finiscono per generare un clima di paura e ansia. Molti insegnanti riferiscono di avere difficoltà a dormire, attacchi di panico ed esaurimento mentale. La professione, già impegnativa per natura, diventa un peso insopportabile quando l'insegnante si trova isolato e indifeso di fronte a queste pressioni.

E la cosa più allarmante è la mancanza di empatia da parte della società in questi casi. L'istruzione, spesso lodata nei discorsi e nelle campagne, nella pratica sembra trascurata. Quando un insegnante viene attaccato, fisicamente o verbalmente, le risposte istituzionali sono solitamente timide e il sostegno offerto è insufficiente. In molte scuole si consiglia agli insegnanti di "comprendere il contesto" dello studente o della famiglia, e i casi di violenza finiscono per essere trattati con disprezzo, come se fossero una parte naturale della professione.

Questa svalutazione degli insegnanti riflette una posizione più ampia della società, che spesso ritiene gli insegnanti responsabili di problemi che vanno ben oltre il loro ruolo. Il rispetto per il ruolo dell'insegnante è stato minato negli anni, e oggi il professionista si ritrova abbandonato, senza supporto istituzionale e nemmeno sociale. La mancanza di empatia diventa evidente quando, di fronte a denunce di violenza, molti si chiedono: "Cosa ha fatto l'insegnante per provocare questa reazione?" Invece di indignarsi per l'aggressione, la società spesso incolpa la vittima, rafforzando l'isolamento e l'impotenza che prova l'insegnante.

La violenza psicologica si manifesta anche nelle pressioni quotidiane imposte agli insegnanti. Il sovraccarico di lavoro, l'accumulo di funzioni, le incessanti richieste di risultati e la mancanza di riconoscimento creano un ambiente di lavoro tossico, dove l'esaurimento mentale è quasi inevitabile. L'insegnante deve essere, allo stesso tempo, uno psicologo, un consulente, un mediatore di conflitti, un responsabile della classe e, ovviamente, responsabile del rendimento scolastico dei suoi studenti. Tutta questa pressione, combinata con la paura della violenza, crea un ciclo di stress che spesso porta a malattie mentali e burnout, che è diventato una realtà per molti.

La sensazione di impotenza è costante. Per quanto l'insegnante cerchi di porre limiti, promuovere il rispetto e creare un ambiente di apprendimento, si ritrova sempre più ostaggio di un sistema che lo abbandona e di una società che lo trascura. Il timore di ritorsioni impedisce a molti insegnanti di denunciare gli attacchi, sia per paura di perdere il lavoro, sia per incredulità nelle soluzioni offerte dalle istituzioni.

Tuttavia, nonostante tutto ciò, il professore continua. Spinto dall'amore per la professione, dalla fiducia nel potere trasformativo dell'istruzione o semplicemente perché non vede altra opzione, persiste. Ma fino a quando? Per quanto tempo l'insegnante dovrà sopportare in silenzio la violenza e la mancanza di empatia che lo circonda?

È urgente che la società prenda coscienza che il rispetto degli insegnanti è essenziale per la costruzione di un'istruzione di qualità. Non è possibile formare cittadini critici, etici e consapevoli mentre coloro che dedicano la propria vita a questa missione vengono minacciati, mancati di rispetto e attaccati. La violenza contro gli insegnanti non colpisce solo il singolo individuo, ma l'intero tessuto sociale, poiché svaluta l'idea stessa di educazione e di formazione umana.

L'insegnante, che dovrebbe essere un pilastro di conoscenza e ispirazione, oggi si trova con le spalle al muro e senza protezione, lottando non solo per insegnare, ma per sopravvivere in un ambiente che spesso sembra ostile. È necessario ripristinare l'empatia, il rispetto e l'apprezzamento per gli insegnanti se vogliamo davvero garantire un futuro migliore alle prossime generazioni.

CAPITOLO 10: IL PREZZO DELLA SVALUTAZIONE: BASSI SALARI E REALTÀ STRUTTURALE DELLE SCUOLE PUBBLICHE

Era un'afosa mattina d'estate. Le porte e le finestre delle aule erano spalancate, cercando invano di far circolare quella poca aria fresca che poteva entrare nella scuola. Il caldo intenso faceva sembrare che anche il tempo passasse più lentamente. Gli studenti inquieti si spostavano da una parte all'altra, cercando di concentrarsi, ma l'atmosfera non aiutava. Io, stando davanti al dipinto, sentivo il sudore che mi colava sulla fronte. Non c'era l'aria condizionata, tanto meno i ventilatori, e l'acqua potabile era calda.

Questa era una scena comune, ripetuta in tante scuole pubbliche in tutto il Brasile. Lo stipendio, che già copriva a malapena le spese domestiche, sembrava ancora più ingiusto data la precarietà che affrontiamo quotidianamente. Fare l'insegnante in Brasile, soprattutto nelle regioni più disagiate, è un esercizio quotidiano di resistenza, dove la ricompensa economica è ben lungi dal rendere giustizia all'importanza del ruolo.

Lo stipendio, sempre tanto discusso e con poche modifiche, copriva a malapena le basi. Ogni mese, i vecchi conti: bollette, cibo, trasporti... e l'eterno enigma di far rientrare tutto nel budget. Alcuni colleghi più esperti avevano già smesso di provarci. Lavoravano in due o tre scuole, spesso in turni consecutivi, senza nemmeno avere il tempo di programmare le lezioni con l'attenzione che avrebbero voluto. La stanchezza era evidente sui loro volti, nelle veloci conversazioni nei corridoi. Chi potrebbe biasimarli? La realtà ha imposto questo doppio, o addirittura triplo, cambiamento per integrare il loro reddito e garantire il loro sostentamento.

Il viaggio estenuante, tuttavia, non è stata l'unica sfida. Le condizioni di lavoro erano aggravate dalla retribuzione insufficiente, rendendo la vita quotidiana ancora più difficile. La mancanza di Internet nelle scuole, ad esempio, era un problema ricorrente. In un mondo in cui la tecnologia dovrebbe già essere nostra alleata, noi, insegnanti e i nostri studenti, siamo stati lasciati in disparte, disconnessi dalle risorse che potrebbero trasformare le nostre lezioni. Ciò che avrebbe dovuto facilitare le cose era in realtà un sogno lontano. Dovevamo improvvisare, insegnare con ciò che era alla nostra portata, mentre i bambini, nati nell'era digitale, guardavano le lezioni senza lo splendore che la tecnologia poteva offrire.

Anche l'acqua, così essenziale, era un problema. In molte scuole, la mancanza di fontanelle funzionanti ha messo tutti in allerta. Nelle giornate calde, il caldo e la sete rendevano l'atmosfera quasi insopportabile. È difficile imparare o insegnare in queste condizioni. Come chiedere agli studenti di prestare attenzione, di concentrarsi, quando non c'era nemmeno l'acqua fresca a disposizione?

I bagni erano un altro riflesso di questa realtà. Quante volte ho sentito gli studenti lamentarsi dello stato delle strutture? Pochi bagni per tanti studenti, niente carta igienica, nessuna pulizia adeguata. E per noi insegnanti non è stato diverso. Correvamo da una classe all'altra, attraversando corridoi affollati, ma senza poter contare nemmeno sul minimo comfort per coprire i nostri bisogni.

Sedersi per insegnare a volte significava accogliere gli studenti su sedie rotte, tavoli improvvisati o inesistenti. Il materiale didattico, quando è arrivato, era scarso o obsoleto. I libri, quando apparvero, erano insufficienti per il numero degli studenti. Niente gesso, niente carta, niente matita. La creatività dell'insegnante veniva messa alla prova ogni giorno per superare questi fallimenti.

Un capitolo a parte è stato l'alimentazione nelle scuole, soprattutto nelle regioni più povere. Per molti studenti il pranzo era il pasto principale o unico della giornata. Tuttavia, quello che avrebbe dovuto essere un sollievo nutrizionale era spesso limitato a cracker secchi e succhi artificiali. In alcune scuole, il riso semplice era la portata principale e le zuppe erano così povere che a malapena bastavano a sostenere i bambini per il resto del turno. Come possiamo insegnare quando sappiamo che i nostri studenti hanno fame? Come puoi chiedere loro di concentrarsi in classe quando la loro priorità è portare a termine la giornata?

In mezzo a tutto questo, c'era ancora la svalutazione sociale. La società, che dovrebbe riconoscere il ruolo cruciale dell'insegnante, ci trattava come qualcosa di secondario. La scuola senza risorse, lo stipendio insufficiente, la mancanza di strutture: tutto questo mandava il messaggio che l'istruzione non era una priorità. Un riflesso dell'abbandono, la prova che il futuro del Paese non veniva preso sul serio, entra il governo di destra e ritorna quello di sinistra e non cambia nulla, continua lo stesso disprezzo e disprezzo per l'insegnante.

Alla fine di ogni giornata, quando spegnevo le luci della stanza e chiudevo la porta, mi chiedevo: fino a quando? Per quanto tempo saremo costretti a insegnare in condizioni così avverse? Fino a quando l'istruzione verrà trattata come una spesa e non come il vero investimento per il futuro come è? L'insegnante, attore chiave nella formazione dei cittadini, ha continuato ad essere svalutato, sia dal governo che dalla società. Eppure eravamo lì, ogni giorno, pronti a dare il meglio con ciò che avevamo o, spesso, con ciò che ci mancava.

La lotta era continua e ogni lezione impartita era una piccola vittoria. Una battaglia solitaria, ma che portava con sé la speranza che, forse, un giorno, le cose potessero cambiare. Dopotutto, l'educazione è resistenza e noi insegnanti siamo i guardiani di questa resistenza.

CAPITOLO 11: DIALOGO TRA GENERAZIONI – LA DIFFERENZA DI ETÀ NEL RAPPORTO INSEGNANTE-STUDENTE

La sala era piena, come sempre. Era uno di quei giorni in cui la stanchezza sembrava pesare più del solito. Mentre organizzavo le carte sul tavolo, sentivo la pressione del tempo, l'elenco infinito di compiti che mi aspettavano fuori. Ma in quel momento tutti gli occhi erano puntati su di me. Loro, la nuova generazione, con il cellulare in mano, le cuffie appese alle tasche, alcuni distratti, altri desiderosi di ogni novità che si discosti da quelle che chiamano "lezioni noiose". Io, con il gesso in mano – o meglio, ora con il controllo delle diapositive digitali – stavo per attraversare ancora una volta il ponte invisibile che ci separa: l'abisso della differenza d'età.

Era una mattinata normale, ma ciò che sembrava normale forniva una profondità che non sempre veniva percepita. Ogni generazione porta con sé il proprio mondo, un modo diverso di vedere, sentire, apprendere. Io, da quando le parole sono apparse per la prima volta nei libri fisici, ho sentito il peso di adattarmi al nuovo. Loro, che nascono già immersi nel mondo digitale, assorbono il mondo attraverso gli schermi, attraverso rapidi tocchi sui dispositivi. E così, iniziamo un'altra lezione.

"Maestro, perché dobbiamo imparare questo? Tanto non lo useremo", ha detto uno degli studenti, con la franchezza tipica dei giovani. In un altro momento, questa domanda mi avrebbe irritato. Ma c'era qualcosa di più profondo tra noi. Era un dubbio che rifletteva non solo l'impazienza dei giovani, ma anche una certa incredulità nel sistema in cui entrambi viviamo: il sistema educativo.

Ho risposto con calma, cercando di collegare ciò che stavamo studiando con qualcosa della loro vita quotidiana. Questo è stato un ponte che ho cercato di costruire quotidianamente, uno sforzo costante per rendere la conoscenza accessibile e rilevante. Tuttavia, sapevo che le mie risposte non sarebbero sempre state sufficienti. C'era una differenza di visione, un divario tra ciò che la mia generazione apprezzava e ciò che la loro sembrava cercare.

Questa tensione tra generazioni va oltre la tecnologia, oltre la familiarità con i social media o con i meme che non sempre riesco a comprendere. È una differenza più profonda, che è nei valori, nelle priorità, nel modo di vedere il futuro. Per loro il mondo è fluido, pieno di possibilità e incertezze, dove la stabilità (la stessa stabilità tanto desiderata dalla mia generazione) sembra un'idea obsoleta.

Allo stesso tempo, ho capito che, dietro i dubbi e le provocazioni, c'era anche una ricerca. Una ricerca di significato, di direzione, di qualcosa che andasse oltre le slide già pronte e le risposte rapide che Google offre. Volevano di più, anche se a volte non sapevano esattamente cosa.

Ed è stato allora che ho capito una cosa importante: la differenza di età non deve essere un ostacolo. Può essere un'occasione di scambio. Mentre cercavo di insegnare loro quello che so, mi hanno mostrato un nuovo modo di vedere il mondo. Le sue domande, per quanto sconcertanti, mi hanno fatto riconsiderare le mie certezze. Ogni conversazione, ogni dibattito in classe è stata un'occasione di apprendimento reciproco.

Naturalmente, non è sempre facile. La velocità con cui consumano le informazioni a volte mi stupisce. Per loro, ciò che è contenuto nei libri viene divorato in brevi video e meme che diventano virali. La pazienza che ho dovuto imparare nella ricerca e nello studio spesso sembra loro un ricordo del passato. Eppure, in mezzo a tutta questa velocità, mi rendo conto che anche loro si perdono, che spesso mancano di profondità. Ed è lì che sento di poter ancora contribuire.

La relazione tra insegnante e studente riguarda, in gran parte, questo: trovare l'equilibrio tra ciò che è stato e ciò che verrà. Io, con le mie esperienze di vita pre-digitale, posso offrirti una visione più ampia, un modo di pensare che non si limiti alle tendenze passeggere di Internet. Loro, invece, mi sfidano a uscire dalla mia zona di comfort, a vedere nuove possibilità e a comprendere che la conoscenza, come la vita, cambia costantemente.

Ci sono giorni in cui la distanza generazionale sembra insormontabile, come se parlassimo lingue diverse. Ci sono giorni in cui sento che lo sforzo di adattamento è troppo grande. Ma ci sono anche giorni in cui questa differenza si dissolve e ciò che rimane è l'essenza dell'insegnamento: l'incontro tra due soggetti che, per quanto diversi possano essere, condividono lo stesso desiderio: imparare.

Ricordo un momento speciale, quando uno degli studenti, dopo una accesa discussione sul futuro del mercato del lavoro, è venuto a ringraziarmi. «Non ci avevo pensato, professore», disse. "Hai ragione, devo pensare a lungo termine." In quel momento ho capito che il dialogo tra le generazioni non è una strada a senso unico. Entrambi possiamo imparare ed entrambi possiamo insegnare.

Alla fine ciò che conta non è l'età, ma la volontà di costruire ponti. E finché esisterà, ci sarà sempre speranza. Perché l'educazione, in sostanza, è questo: un incontro tra persone provenienti da tempi e spazi diversi, ma con un obiettivo comune: crescere insieme.

CAPITOLO 12: LA VALUTAZIONE: UNO STRUMENTO O UN'ARMA?

Era una mattina come tante altre, ma con un peso diverso nell'aria. Gli studenti, in insolito silenzio, aspettavano l'inizio della lezione. Sul tavolo c'erano le pile di esami che aveva corretto la sera prima. L'espressione di attesa sui loro volti non era solo curiosità, ma un misto di nervosismo e apprensione. Del resto, il momento in cui si riceve l'esito di una valutazione ha questo potere quasi magico: una semplice nota scritta su un pezzo di carta può portare sollievo o frustrazione, soddisfazione o disperazione.

La valutazione è sempre stata una parte essenziale del processo educativo. Si tratta, in teoria, di uno strumento prezioso, in grado di misurare i progressi degli studenti e fornire una diagnosi di come sta andando il loro apprendimento. Ma, con il passare degli anni, ho cominciato a chiedermi: viene davvero utilizzato come strumento costruttivo o è diventato un'arma che pesa sugli studenti e, indirettamente, su noi insegnanti?

Nei primi anni di insegnamento credevo che la valutazione fosse giusta, un riflesso fedele dell'impegno dello studente. Ma la realtà del sistema educativo brasiliano mi ha presto mostrato che le cose erano molto più complesse. Man mano che cresceva la pressione per ottenere risultati, proveniente sia dai dipartimenti educativi che dalle famiglie, la valutazione divenne distorta. L'attenzione si è spostata dall'apprendimento ai numeri, ai grafici e alle statistiche. Invece di servire come momento di riflessione su ciò che gli studenti avevano assorbito, la valutazione è diventata un modo per categorizzarli, per inserirli in fasce di performance.

Per molti studenti la valutazione non è vista come un'opportunità di crescita, ma come un temuto momento di giudizio. E come potrebbe non essere? In un Paese dove il successo accademico può essere decisivo per il futuro, dove il voto finale può aprire o chiudere porte, la valutazione ha un peso che va ben oltre l'apprendimento. Ogni numero che ho assegnato è stato accompagnato da un impatto emotivo che non è stato sempre facile da affrontare. Ci sono stati momenti in cui ho visto studenti brillanti perdere completamente la motivazione a causa di un voto inferiore al previsto. Altri, più fragili emotivamente, vedevano ogni valutazione come una sentenza personale, come se quel ruolo determinasse il loro valore come essere umano.

E per noi insegnanti il peso non è stato da meno. Sotto la costante pressione di fornire risultati, la valutazione è diventata una misura non solo delle prestazioni degli studenti, ma anche delle nostre. I voti erano la prova che stavamo facendo bene il nostro lavoro? E se la lezione avesse avuto un rendimento scarso, avrebbe significato che avevo fallito? Questa linea di ragionamento cominciò a corrodere il vero significato dell'insegnamento.

Inoltre, il modo in cui sono strutturate le valutazioni spesso ignora la diversità della classe. Ogni studente ha il proprio ritmo, il proprio stile di apprendimento, le proprie particolarità. Ma, nel valutare, tutti sono sottoposti allo stesso test standardizzato, alle stesse domande, agli stessi criteri di correzione. È come se ci aspettassimo che un unico test potesse misurare la complessità di menti così diverse. Per non parlare della mancanza di equità in molti casi: gli studenti che non hanno accesso alle risorse per lo studio, che affrontano difficoltà fuori dalla scuola, vengono valutati allo stesso modo di chi ha tutti gli strumenti a disposizione. Dov'è la giustizia in questo?

Negli ultimi anni, la cosiddetta gamification delle valutazioni, che riflette l'avanzamento delle tecnologie educative, ha portato anche nuove sfide. Le piattaforme digitali che promettono di semplificare il processo di valutazione, con i loro colori vivaci e i loro sistemi di punteggio, hanno un lato positivo: possono rendere il processo più dinamico e meno scoraggiante per alcuni studenti. Esiste però anche un lato oscuro. Quando la gamification viene utilizzata in modo improprio, trasforma il processo di apprendimento in una competizione incessante per punti, trofei e classifiche. E ancora una volta, l'attenzione si sposta dall'apprendimento vero e proprio alla performance quantitativa.

Allora mi sono chiesto: la valutazione sta davvero svolgendo il suo ruolo? Oppure stiamo semplicemente alimentando una macchina che esige numeri e resoconti, invece di concentrarsi sulla crescita individuale di ogni studente?

Ma non posso negarlo: anche la valutazione ha il suo valore. Se usato correttamente, è uno strumento potente. Test e attività ben pianificati possono rivelare lacune nell'apprendimento, sia per gli studenti che per l'insegnante. Costituiscono un'opportunità per adattare il corso, rivedere i concetti e migliorare la pratica pedagogica. Ci sono momenti in cui la valutazione diventa una conversazione produttiva tra me e i miei studenti, in cui discutiamo insieme cosa può essere migliorato e come possono andare avanti.

La chiave, forse, è nell'equilibrio. Valutare dovrebbe essere qualcosa di più della semplice assegnazione di un voto. Deve essere un processo continuo, che tenga conto delle diverse modalità di apprendimento e di crescita. In fin dei conti, la valutazione non dovrebbe essere un'arma che spaventa, ma piuttosto uno strumento che costruisce, ispira fiducia e motiva gli studenti a continuare il loro percorso di apprendimento.

Quando raccolgo i test corretti, mi avvicino a ciascuno studente. Cerco, con parole e gesti, di ricordare loro che quella nota è solo un punto di partenza, non un punto di arrivo. L'educazione è un processo continuo e la valutazione, se ben compresa, ne è solo una parte, una parte che dovrebbe guidare, non sopraffare.

CAPITOLO 13: L'INSEGNANTE INVISIBILE: MANCANZA DI RICONOSCIMENTO E APPREZZAMENTO

C'è un momento nella vita quotidiana di ogni insegnante che, per quanto sottile, lascia segni profondi: quel momento in cui l'insegnante si rende conto che, nonostante tutto lo sforzo, la dedizione e il sacrificio, sembra invisibile. L'aula, con le sue sfide e ricompense, è un campo di battaglia silenzioso, dove il riconoscimento diventa un lusso raro e quasi irraggiungibile.

All'inizio della tua carriera, le aspettative sono diverse. Arriviamo con un luccichio negli occhi, pronti a fare la differenza, immaginando che la nostra missione sarà compresa e celebrata. Ma, col passare del tempo, la realtà mostra uno scenario diverso. Le notti insonni a pianificare le lezioni, i fine settimana a correggere gli esami, le infinite conversazioni con i genitori, gli instancabili tentativi di motivare gli studenti disinteressati, tutto questo avviene dietro le mura dell'aula, quasi sempre lontano dagli occhi che potrebbero notare questo sforzo. E, alla fine, quello che vediamo è un insegnante che, molte volte, non viene nemmeno ricordato.

Il riconoscimento, quando avviene, è solitamente limitato a date commemorative. La Festa degli insegnanti, ad esempio, è un'occasione in cui vengono distribuiti saluti formali, fiori e, in alcune scuole, anche piccoli regali. Ma questi tributi specifici finiscono per fungere da amaro promemoria di quanto sia limitato il riconoscimento. Durante il resto dell'anno, l'insegnante continua la sua routine, lottando contro la mancanza di risorse, il sovraccarico di lavoro e, soprattutto, la sensazione di combattere una battaglia invisibile, di cui raramente si riconosce il risultato finale.

E la situazione peggiora se pensiamo all'apprezzamento

finanziario. Come è stato detto in altri capitoli, gli stipendi degli insegnanti sono, in molti casi, indegni dell'importanza del loro ruolo. Ma la mancanza di apprezzamento non è solo materiale; È anche simbolico. Viviamo in una società che spesso vede l'insegnante come un mero trasmettitore di contenuti, un "distributore" di conoscenza, e non come un agente trasformativo, responsabile di plasmare le menti, ispirare il futuro e preparare cittadini critici.

Questa invisibilità non avviene solo in classe, ma anche dietro le quinte. Pianificazione che va avanti per ore, ricerca costante di nuovi metodi di insegnamento, sviluppo professionale per conto proprio: tutto questo passa inosservato alla maggior parte delle persone. Molti credono che l'insegnante semplicemente "insegna" e, alla fine, conclude il suo viaggio. Non vedono il peso che portiamo oltre le porte della scuola.

Il mancato riconoscimento si riflette anche nell'ambiente scolastico. Negli incontri con i dirigenti o i rappresentanti dei dipartimenti dell'istruzione, la sensazione è che l'insegnante sia solo un ingranaggio di una macchina più grande, facilmente sostituibile. Le politiche educative, per la maggior parte, vengono costruite senza ascoltare chi è in prima linea, senza considerare le esperienze reali e le sfide nelle aule. L'insegnante, con le sue conoscenze pratiche, è spesso escluso dalle decisioni che riguardano direttamente il suo lavoro e il futuro dei suoi studenti.

E che dire del riconoscimento degli studenti stessi? Molti insegnanti vedono, nel corso degli anni, generazioni di studenti passare tra le loro mani, ma pochi hanno l'opportunità di sentire parole di gratitudine o sapere come il loro insegnamento abbia influito sulla vita di qualcuno. Naturalmente non è possibile generalizzare. Ci sono studenti che comprendono il valore dei loro insegnanti, che tornano anni dopo per esprimere la loro gratitudine, ma questi momenti sono eccezioni. Nella maggior parte dei casi, l'insegnante insegna, guida, si prende cura e poi guarda i suoi studenti andarsene, senza mai sapere con certezza l'impatto che ha avuto.

La mancanza di apprezzamento influisce anche sull'autostima dell'insegnante. C'è una discrepanza tra ciò che crede sia la sua missione (allevare esseri umani critici capaci di trasformare il mondo) e il modo in cui la società lo vede. Questa discrepanza genera frustrazione, scoraggiamento e, in molti casi, voglia di arrendersi. Sono molti gli insegnanti che, nel corso della loro carriera, pensano di abbandonare la professione, non perché manchino di amore per l'insegnamento, ma perché non possono più tollerare l'invisibilità che li circonda.

La verità è che l'insegnante è invisibile in molti modi, ma non perché voglia o scelga di esserlo. È invisibile perché la nostra società, purtroppo, non ha ancora imparato a vedere il valore che esiste nell'educazione e in chi la promuove. La conoscenza, che dovrebbe essere il bene più prezioso di una nazione, solitamente viene considerata secondaria e chi la offre finisce per diventare una figura periferica.

Ma, nonostante tutta questa invisibilità, il professore resiste. Persiste perché sa che anche se non riceve un riconoscimento immediato, la sua influenza è duratura. Anche se non vede mai l'impatto diretto delle sue lezioni, è sicuro che da qualche parte, a un certo punto, la sua presenza abbia fatto la differenza. E per molti di noi questo è sufficiente per andare avanti. Perché, in fondo, essere insegnante è molto più che essere riconosciuto. È credere che, sebbene invisibile agli occhi di molti, la tua missione sia visibile nel cuore di chi conta: gli studenti.

CAPITOLO 14: INNOVAZIONI PEDAGOGICHE: TENTATIVI DI FARE LA DIFFERENZA

L'aula è spesso uno specchio delle trasformazioni della società. Come insegnanti, assistiamo all'evoluzione delle tecnologie, all'emergere di nuovi metodi di insegnamento e alla costante necessità di adattarsi ai cambiamenti. Tuttavia, non sempre queste innovazioni pedagogiche che invadono l'ambiente scolastico con promesse di rivoluzione trovano terreno fertile. Eppure è impossibile non sentire il bisogno di provare, in qualche modo, a fare la differenza.

Innovare in classe richiede coraggio. Il sistema educativo, in sostanza, presenta ancora strutture rigide che sembrano immutabili, resistendo a qualsiasi tentativo di cambiamento. Tuttavia, l'insegnante che si permette di sfidare questa rigidità trova nelle innovazioni pedagogiche un modo per mantenere l'entusiasmo nell'insegnamento e affascinare gli studenti.

Una di queste innovazioni è l'insegnamento basato su progetti. Invece di fornire conoscenze già pronte, lo studente è incoraggiato a scoprire, indagare e sviluppare la propria comprensione di un determinato argomento. In teoria, questa sembra la strada ideale per formare cittadini critici e autonomi. In pratica, tuttavia, la sfida è maggiore. L'insegnante deve guidare gli studenti attraverso una valanga di informazioni, aiutandoli a costruire conoscenza senza perdere il controllo del processo. Poi c'è la questione del tempo: le esigenze di raggiungimento degli obiettivi curriculari e le scadenze strette spesso soffocano la libertà richiesta dall'insegnamento basato su progetti.

Tuttavia, ci sono momenti in cui vedere gli studenti impegnarsi in un progetto, impegnarsi in discussioni e sporcarsi le mani è il carburante di cui un insegnante ha bisogno per continuare a provare. C'è una soddisfazione speciale nell'osservare una classe che, per un momento, dimentica la routine ripetitiva e si abbandona a qualcosa di nuovo, qualcosa che risveglia in lei la curiosità e la voglia di imparare. In questi momenti l'insegnante sente che, forse, si sta facendo la differenza, anche se a piccole dosi.

Un altro percorso promettente sono le metodologie attive, che pongono lo studente al centro del processo di apprendimento. Qui l'insegnante diventa un mediatore, qualcuno che guida ma non impone, permettendo agli studenti di essere protagonisti della propria educazione. L'uso di metodologie come la classe capovolta, in cui gli studenti studiano i contenuti a casa e utilizzano il tempo in classe per discutere e applicare ciò che apprendono, ha acquisito importanza negli ultimi anni. È un modello che mira a rompere con la tradizionale master class, spesso criticata per la sua passività.

Tuttavia, questo tentativo di innovazione comporta anche delle sfide. In molte scuole, soprattutto pubbliche, la mancanza di infrastrutture adeguate a supportare queste metodologie rappresenta un ostacolo quasi insormontabile. La mancanza di accesso alle risorse tecnologiche, ad esempio, rende molte di queste innovazioni impraticabili. Come implementare una classe capovolta quando gli studenti non hanno accesso a Internet a casa? Come utilizzare le metodologie attive se il numero di studenti per classe è così elevato che è impossibile prestare a ciascuno la necessaria attenzione?

Anche la tecnologia, che promette di essere un'alleata nell'innovazione pedagogica, si trova ad affrontare dilemmi. Come accennavo prima, le piattaforme digitali, i giochi educativi e le risorse interattive stanno guadagnando terreno nella didattica, ripropongo la domanda, ma sono sempre efficaci? La gamification, ad esempio, è uno di quegli strumenti che molti insegnanti hanno provato ad adottare. Trasformando l'apprendimento in un'esperienza giocosa, l'obiettivo è coinvolgere gli studenti in modo più efficace. Tuttavia, esiste una linea sottile tra l'uso sano di queste risorse e la trasformazione dell'aula in uno spettacolo che risponde al bisogno di intrattenimento piuttosto che di sviluppo critico.

Per molti insegnanti, la vera innovazione non risiede solo negli strumenti digitali o nelle metodologie di tendenza, ma in qualcosa di più profondo: la personalizzazione dell'insegnamento. Quando gli insegnanti sono in grado di riconoscere le peculiarità dei propri studenti, rispettando i diversi stili di apprendimento e adattando il proprio modo di insegnare in base alle esigenze di ciascuno, ciò può essere rivoluzionario. Ma, ancora una volta, lo scenario si scontra con i limiti imposti dal sistema: come personalizzare la didattica in classi di 40 o 50 studenti? Come mantenere l'attenzione sulle individualità quando il tempo è poco e i contenuti sono ampi?

Nonostante queste sfide, l'insegnante che cerca di innovare lo fa con il cuore pieno di speranza. La speranza che provando qualcosa di diverso, anche per un breve momento, uno studente possa connettersi in modo unico all'apprendimento. La speranza che la scuola, questo spazio che così spesso sembra rigido, possa diventare un luogo di scoperta, curiosità e ispirazione.

La vera innovazione pedagogica potrebbe non risiedere nelle grandi rivoluzioni così spesso annunciate, ma nei piccoli gesti quotidiani che sfidano l'inerzia del sistema. Sta cercando di trasformare una lezione normale in qualcosa che abbia senso per gli studenti, che li porti fuori dalla loro zona di comfort e li stimoli a pensare. Insiste nel resistere alla fatica e alla svalutazione, credendo che, anche in mezzo a tante difficoltà, gli insegnanti possano ancora fare la differenza nella vita dei loro studenti.

Queste innovazioni, per quanto semplici possano sembrare, sono atti di resistenza. E, in fin dei conti, ogni tentativo di innovazione, non importa quanto piccolo, è una riaffermazione dell'impegno dell'insegnante per un'istruzione di qualità. Perché, nel cuore di ogni insegnante, continua a battere la certezza che la conoscenza è la chiave per trasformare il mondo, anche se il cammino è pieno di ostacoli.

CAPITOLO 15: QUANDO LA BANDA SI RIUNISCE: MOMENTI DI REALIZZAZIONE COLLETTIVA

Nel mezzo delle difficoltà, delle frustrazioni e delle sfide quotidiane, ci sono momenti che fanno battere forte il cuore di un insegnante. Sono quei momenti in cui, all'improvviso, la classe si connette in modo unico, dove, per un breve periodo, gli sguardi si allineano, gli obiettivi si intrecciano e lo sforzo collettivo sfocia in un risultato che lascia tutti, docenti e studenti, stupiti. un sorriso soddisfatto.

Ricordo una di quelle occasioni come se fosse ieri. È stata una lezione complicata, piena di personalità e dinamiche difficili che hanno reso ogni lezione una vera prova di pazienza e resilienza. Tra la dispersione di alcuni, la ribellione di altri e l'indifferenza di molti, mi sono ritrovato a chiedermi costantemente se saremmo stati in grado, come gruppo, di costruire qualcosa di significativo. La sensazione era quella di remare contro corrente.

Ma poi è nato un progetto. Il tema: sostenibilità e impatto ambientale. Ho proposto qualcosa di audace, soprattutto per quel gruppo: la creazione di un documentario che rappresentasse le sfide ambientali della nostra città. Per alcuni la sfida sembrava troppo grande ma, sorprendentemente, a poco a poco l'idea cominciò a prendere forma. Ci siamo divisi i compiti (ricerca, interviste, registrazione, montaggio) e quello che prima sembrava impossibile si è materializzato davanti ai miei occhi.

Ciò che mi ha sorpreso non è stato solo il livello di impegno, ma il modo in cui, grazie al progetto, la classe ha cominciato ad unirsi. Quegli studenti che prima si scambiavano a malapena parole iniziarono ad aiutarsi a vicenda. Alcuni con competenze più tecniche hanno insegnato ad altri come filmare e montare. Chi riusciva a parlare meglio aiutava nelle interviste. All'improvviso, le differenze che un tempo costituivano barriere sono diventate ponti.

Naturalmente non sono mancati i momenti di tensione. Il montaggio non è andato come previsto, le riprese sono state interrotte da circostanze impreviste, ma, per la prima volta, ho sentito che lo scoraggiamento non era il sentimento predominante. C'era un obiettivo più grande, e la cosa bella era che quell'obiettivo ora era condiviso. Non stavano solo svolgendo compiti scolastici; Stavano costruendo qualcosa insieme. E questo, nel frammentato ambiente scolastico, è qualcosa che vale oro.

Il giorno della presentazione l'auditorium era pieno. Sono venuti i genitori e anche i compagni delle altre classi. Quando le luci si sono abbassate ed è iniziato il documentario, ho sentito le farfalle nello stomaco. Non sapevo come sarebbe stato accolto ma, con mia sorpresa, la sua produzione fu un successo. Il documentario, pieno di errori tecnici qua e là, è stato comunque un lavoro onesto, frutto di una dedizione genuina. E l'applauso alla fine, quell'applauso sincero e caloroso, è risuonato come il suono di una piccola vittoria.

In quel momento, guardando i volti degli studenti, ho visto qualcosa che spesso manca nella vita scolastica di tutti i giorni: la scintilla nei loro occhi. Quella brillantezza che arriva quando si rendono conto che sono capaci di qualcosa di grande, che insieme possono andare oltre ciò che immaginavano. Quella vittoria non è dovuta solo al progetto; si trattava di ciò che erano diventati come gruppo.

Dopo la presentazione, mentre tutti chiacchieravano animatamente, si è avvicinato a me uno studente, che era sempre stato più tranquillo e riservato. Con un sorriso imbarazzato, disse: "Professore, non credo che abbiamo mai fatto niente del genere. È stato fantastico." E in quel semplice commento ho capito che qualcosa era cambiato.

Questi momenti di realizzazione collettiva sono rari, ma sono ciò che nutre l'anima dell'insegnante. Ci ricordano che nonostante le avversità, nonostante i giorni difficili, c'è una forza potente nell'unità di un gruppo. Quando una classe si riunisce, l'impossibile sembra almeno un po' più raggiungibile, e i legami che si creano in questi percorsi di miglioramento si ripercuotono oltre le mura dell'aula.

Dopotutto, l'apprendimento non riguarda solo contenuti e concetti. Si tratta anche di costruire esperienze che modellano ciò che siamo. E in quel documentario goffo e imperfetto ho visto la trasformazione avvenire davanti ai miei occhi. Ho visto un gruppo che, per un breve momento, ha superato le proprie differenze e ha creato qualcosa di più grande di loro. Ho visto un risultato collettivo che non dimenticherò mai.

CAPITOLO 16: L'INSEGNANTE COME LEADER: GESTIRE I CONFLITTI E MOTIVARE GLI STUDENTI

Essere insegnante significa spesso assumere un ruolo che va oltre la mera trasmissione del sapere. Con il passare degli anni ho capito che in classe non ero solo un educatore; In un certo senso ero un leader. E come tale, mi sono trovato costantemente ad affrontare la sfida di gestire i conflitti, di motivare coloro che sembravano essersi arresi prima ancora di provarci, di bilanciare personalità e aspettative diverse. Guidare un gruppo è come navigare in acque imprevedibili, dove il vento cambia direzione in ogni momento.

Ricordo una lezione particolarmente impegnativa. Erano due gruppi che, dall'inizio dell'anno, erano in costante conflitto. I motivi erano piccoli, quasi insignificanti: una discussione per un compito in gruppo, una provocazione in classe, una serie di incomprensioni cresciute al punto da creare tra loro una barriera invisibile. La tensione era palpabile. E come ogni tensione, prima o poi esplode.

L'esplosione è avvenuta una mattina, durante una semplice attività. Un commento di uno studente ha scatenato una reazione eccessiva da parte di un altro. Nel giro di pochi secondi, la stanza divenne un caos di urla e imprecazioni, e mi ritrovai nel mezzo di un temporale. La sfida in quel momento non era solo quella di calmare le acque, ma di evitare che diventasse un problema ancora più grande.

Ho fatto un respiro profondo. Invece di alzare la voce, ho adottato un tono calmo, qualcosa che ho imparato negli anni. Non aveva senso gridare più forte. Al contrario, era necessario dimostrare che, in quello spazio, ero io il mediatore. Ho chiamato i due studenti per parlare e, lontano dagli occhi attenti dei miei compagni, ho chiesto loro cosa fosse realmente successo. La cosa interessante è che, ascoltando entrambe le versioni, mi sono reso conto che, nel profondo, entrambi avevano motivi per essere frustrati, ma nessuno dei due aveva cercato di capire il punto di vista dell'altro.

Conflitti come questo sono comuni e l'insegnante è spesso considerato la persona responsabile della loro risoluzione. Ciò che ho imparato, tuttavia, è che risolvere un conflitto non significa solo calmare momentaneamente la situazione, ma aiutare gli studenti a sviluppare una nuova prospettiva, vedere oltre le proprie emozioni e realizzare l'impatto delle loro azioni sugli altri.

Con pazienza e una dose di fermezza sono riuscito a convincerli entrambi ad ascoltarsi davvero. Non è stato facile, ovviamente. Ma, a poco a poco, il tono delle loro voci diminuì ed entrambi cominciarono a rendersi conto di essere più feriti che arrabbiati. Il dialogo, anche se inizialmente esitante, ha aperto spazi di comprensione reciproca. Alla fine della conversazione, hanno deciso di lasciarsi il conflitto alle spalle. Non divennero migliori amici dall'oggi al domani, ma nella stanza tornò una certa pace.

Tuttavia, essere un leader in classe non significa solo gestire i conflitti. Si tratta anche di motivare quegli studenti che, per vari motivi, sembrano aver perso la scintilla nei loro occhi. C'è sempre chi arriva demotivato, senza credere nelle proprie capacità, portando con sé il peso delle frustrazioni precedenti. Per questi la sfida dell'insegnante è diversa: è accendere una fiamma che spesso è quasi spenta.

C'era uno studente che sedeva sempre in fondo all'aula, con la testa abbassata, senza partecipare a nulla. Per quanto cercassi di includerla, lei restava lontana, come se fosse in un mondo a parte. Per mesi osservai questo comportamento, finché, durante un'attività di scrittura creativa, mi regalò un testo che mi sorprese profondamente. Era una cronaca che parlava di solitudine, ma con una sensibilità e una profondità che mi lasciavano senza parole.

È stato allora che ho capito: quello che gli mancava non era l'abilità, ma la fiducia. Si considerava invisibile, come se ciò che pensava o scriveva non avesse valore. Ho deciso di parlarle, lodando la sua scrittura e incoraggiandola a partecipare di più. All'inizio non sembrava credere che fosse possibile. Ma poco a poco, con piccoli gesti di incoraggiamento, ha cominciato ad aprirsi di più, a condividere le sue idee con i colleghi. I suoi progressi furono lenti ma costanti. E, alla fine dell'anno, quando ho presentato il suo testo a una mostra scolastica, ho visto qualcosa che non avevo mai visto prima: un sorriso orgoglioso.

Motivare gli studenti è spesso un lavoro silenzioso. Non avviene istantaneamente, ma al ritmo di ogni persona. Ed essere leader in classe significa avere la sensibilità di percepire quei ritmi, di aggiustare il percorso secondo necessità, di sostenere senza soffocare, di ispirare senza imporre. Ogni studente è un universo a sé, con le proprie battaglie, e l'insegnante, in quanto leader, deve essere pronto a navigare tra questi mondi diversi, sapendo che, a volte, la sfida più grande non è insegnare una materia, ma salvare il mondo. brillantezza. che il sistema spesso si spegne.

Nei momenti in cui raggiungo questo obiettivo, non importa quanto piccolo sia il risultato, ne vale la pena. Perché essere insegnante significa soprattutto credere nelle potenzialità umane, anche quando lo studente stesso non ci crede. E, in ogni conflitto risolto, in ogni studente motivato, in ogni fiamma accesa, mi rendo conto che la leadership dell'insegnante è molto più di una posizione; È una missione di vita.

CAPITOLO 17: OLTRE LE MURA SCOLASTICHE: RIFLESSIONI SUL RUOLO DELL'INSEGNANTE NELLA SOCIETÀ

Essere un insegnante non ha mai riguardato solo ciò che accade tra quattro mura. L'aula è il palcoscenico principale, sì, ma lo spettacolo dell'educazione si estende ben oltre le mura scolastiche. La società spesso sembra ignorare questo fatto, vedendo l'insegnante come un pezzo limitato allo spazio scolastico, come se il ruolo dell'educatore finisse quando suona l'ultima campana o campanello.

Tuttavia, chi fa esperienza dell'insegnamento sa che il lavoro dell'insegnante è continuo, intenso e permea tutti gli aspetti della vita. Siamo, in molti modi, agenti sociali, responsabili di contribuire alla formazione non solo degli studenti, ma dei cittadini. Ogni lezione impartita, ogni conversazione in corridoio, ogni gesto di comprensione o di disciplina è una costruzione che ha un impatto sulla vita dei nostri studenti e, di conseguenza, sulla società.

Ricordo uno studente, Paulo, che non sembrava molto interessato alle lezioni di geografia. Sembrava sempre distante, con lo sguardo perso, il corpo presente, ma la mente altrove. Non è stato irrispettoso, ma nemmeno partecipativo. Finché, un giorno, al termine di una lezione sulla disuguaglianza sociale e sugli impatti del consumismo, si è avvicinato. Il suo volto era serio e cominciò a parlare della sua vita a casa, delle difficoltà che sua madre incontrava nel mantenere la famiglia. Mi ha detto che, per la prima volta, il contenuto della lezione aveva senso per lui.

Non era geografia nel senso tradizionale; Era una geografia personale. Si rese conto che la realtà di cui parlavamo in classe rifletteva ciò che viveva ogni giorno. Da quel momento Paulo cominciò a impegnarsi di più. È diventato qualcuno che portava le proprie esperienze nelle discussioni, che collegava i contenuti alla vita fuori dalla scuola.

L'istruzione, a quel tempo, oltrepassava i confini fisici dell'aula ed entrava nel regno della vita pratica. Paulo era un riflesso di tanti altri studenti che, anche se sembrano disconnessi, in realtà stanno aspettando qualcosa che li faccia sentire parte del tutto. E questo è il vero ruolo dell'insegnante: creare questi ponti tra ciò che viene insegnato e ciò che viene vissuto.

Tuttavia, la società spesso sottovaluta questa missione. Per molti l'insegnante è visto come una figura che trasmette solo contenuti curriculari, che ripete formule, date e concetti. Esiste una visione limitata di quale sia il ruolo di un insegnante e ciò si riflette nel modo in cui la professione viene valorizzata o, più spesso, svalutata. La verità è che l'insegnante, oltre ad essere un educatore, è un anello cruciale nella costruzione di una società più giusta, critica e consapevole.

Quante volte siamo noi i primi a notare segnali di problemi che vanno oltre la scuola? Depressione, violenza domestica, abusi, mancanza di prospettive... Tutto questo ci arriva, spesso in silenzio, attraverso uno sguardo smarrito, una mancanza di partecipazione, comportamenti aggressivi. E sta a noi, come educatori, cercare di mediare queste situazioni, per capire cosa c'è dietro ciò che vediamo in classe.

Un insegnante non insegna solo contenuti; Insegna l'empatia, ti insegna a pensare oltre te stesso, a guardare gli altri con sensibilità. E nel mondo di oggi, questo è più urgente che mai. In una società che appare sempre più frammentata, in cui le divisioni sociali e politiche si stanno intensificando, l'insegnante ha il potenziale per essere una forza unificante, qualcuno che pianta semi di comprensione e dialogo. Il nostro ruolo va oltre l'istruzione formale: si tratta di contribuire a creare cittadini capaci di trasformare l'ambiente che li circonda.

Questa responsabilità, tuttavia, è invisibile a molti. La visione dell'insegnante come una figura che si limita a somministrare test e a correggere i compiti non rende giustizia alla complessità del lavoro. Spesso i nostri più grandi risultati non stanno nei risultati degli esami, ma nelle trasformazioni silenziose che avvengono negli studenti nel corso degli anni. Quella giovane che un giorno è venuta a parlarci delle sue aspirazioni professionali, la studentessa che decide di approfondire l'area delle discipline umanistiche sotto l'influenza di una classe stimolante, o quell'altra che appena uscita dalla scuola guarda il mondo con uno sguardo più sociale consapevolezza. e voglia di fare la differenza. Questo non è solo il risultato del curriculum, ma di una dedizione che va ben oltre le mura scolastiche.

E anche quando l'insegnante torna a casa, la mente continua a lavorare. Pensiamo sempre a modi per migliorare ciò che facciamo, a come aiutare quello studente che sembra demotivato, a come bilanciare la teoria con la pratica. Portiamo con noi le storie di ogni studente, come un bagaglio emotivo che, pur essendo pesante, ci ricorda costantemente perché abbiamo scelto questa professione.

L'insegnante, più che un trasmettitore di contenuti, è un agente di trasformazione della società. La nostra missione non è solo insegnare, ma formare esseri umani capaci di pensare, sentire e agire in modo critico e consapevole. E questo trascende le mura della classe e raggiunge la società in modi di cui spesso non ci rendiamo nemmeno conto. Ogni studente che passa tra le nostre mani è un seme che può germogliare e trasformare l'ambiente che lo circonda. Ed è in questo ciclo di insegnamento, apprendimento e trasformazione che risiede la vera importanza degli insegnanti nella società.

Come educatori restiamo fermi, convinti che, nonostante tutte le difficoltà, il nostro ruolo sia vitale. Perché, alla fine, i muri delle scuole non possono contenere la forza trasformatrice dell'istruzione e l'impatto che generiamo va ben oltre quello di qualsiasi aula.

CAPITOLO 18: IL PROFESSORE TRA L'INCUDINE E IL MARTELLO: POLARIZZAZIONE POLITICA IN CLASSE

L'aula è sempre stata uno specchio del mondo esterno. Ogni giorno, quando entriamo in quello spazio, ci troviamo non solo davanti a quadri e scrivanie, ma davanti a un universo pulsante di opinioni, esperienze e influenze esterne. Negli ultimi anni, tuttavia, questo ambiente è diventato teatro di un nuovo conflitto: la polarizzazione politica tra sinistra e destra. E l'insegnante, che dovrebbe fungere da mediatore nei dibattiti, si trova ora stretto tra due estremi, criticato da una parte e diffidato dall'altra.

Ricordo un giorno, in una classe del liceo, quando l'argomento era la democrazia. Ho cercato, come sempre, di mantenere l'equilibrio, presentare i fatti e incoraggiare il pensiero critico. Ma è bastato accennare ad alcune questioni sociali per sconvolgere metà della sala. Gli studenti cominciarono ad alzare bandiere: "Professore, lei è comunista?", "Quella è gente di destra!" La discussione, che avrebbe dovuto essere costruttiva, si è presto trasformata in uno scontro tra etichette.

E quello che più mi ha sorpreso è che, molte volte, queste etichette non provenivano solo dagli studenti, ma dai genitori stessi. Durante una pausa sono stato chiamato a parlare con la madre di uno studente. Entrò nella sala riunioni con aria sospettosa, come se fossi indagato. "Mio figlio mi ha detto che in classe parli molto di politica... Qual è il tuo problema, professore? Sei di sinistra o di destra?" La domanda era diretta, senza giri di parole. Ho cercato di spiegare loro che il mio ruolo lì era quello di presentare i fatti, promuovere il dibattito e, soprattutto, far riflettere gli studenti con la loro testa. Ma, per quella madre, sembrava che ogni accenno all'argomento fosse già motivo di diffidenza. Secondo loro, ero un nemico o un alleato.

Questo è il dilemma dell'insegnante oggi. Qualunque cosa facciamo, c'è sempre il rischio di essere giudicati in base a pregiudizi politici che spesso non portiamo nemmeno. I social network e i gruppi familiari amplificano questo clima di polarizzazione e la scuola, che dovrebbe essere uno spazio di apprendimento neutrale e sicuro, finisce per essere assorbita da questo vortice di giudizi.

La verità è che essere insegnante oggi significa navigare in acque turbolente. Da un lato c'è chi ci accusa di indottrinamento. Gli insegnanti vengono spesso accusati di aver creato generazioni che pensano in modo critico, come se questo fosse un errore. All'improvviso, insegnare i diritti umani, la sostenibilità o anche la scienza è diventato un atto politico, pieno di interpretazioni estreme. "Vogliono trasformare i giovani in militanti", dicono alcuni, come se il semplice atto di educare fosse una minaccia.

Dall'altro lato, c'è chi usa il discorso educativo come una bandiera politica, ma che, in pratica, offre solo promesse vuote. Molti governanti fanno proprio la questione dell'istruzione per le loro piattaforme elettorali, promettendo grandi riforme, valorizzando gli insegnanti, investendo nelle scuole... Ma, quando la luce si spegne, ciò che rimane sono gli stessi problemi di sempre: bassi salari, mancanza di struttura e un carico di lavoro che non fa che aumentare. L'istruzione, in questo scenario, diventa un campo di battaglia tra discorsi e realtà che non si incontrano mai.

La cosa più triste è che, in mezzo a questo fuoco incrociato, chi perde veramente sono gli studenti. L'ambiente di apprendimento, che dovrebbe essere uno spazio di discussione e di scoperta, è soffocato da questa atmosfera di sfiducia. Quando l'insegnante viene giudicato prima ancora che inizi a parlare, lo scambio di idee viene compromesso. E, cosa ancora peggiore, gli studenti finiscono per replicare questi comportamenti. Se gli insegnanti non possono parlare di determinati argomenti senza essere immediatamente etichettati, come possiamo aspettarci che i giovani sviluppino un pensiero libero e critico?

Ma ci sono momenti che ci fanno riflettere. Un giorno, dopo una lezione su etica e cittadinanza, uno studente venne a trovarmi alla fine della lezione. Sembrava titubante, quasi imbarazzata. "Professore, le confesso che ho sempre pensato che dovessimo stare da una parte o dall'altra... Ma dopo la sua lezione, ho capito che bisogna ascoltare di più, capire di più, prima di giudicare." Quella frase mi ha dato un raggio di speranza. In mezzo al caos c'è ancora spazio per il dialogo, per costruire ponti. E, in fondo, è questo che ci tiene saldi.

Sfortunatamente, la polarizzazione non sembra scomparire presto. Ma spetta a noi insegnanti trovare il modo di resistere a questa corrente. Non possiamo lasciarci trasportare da discorsi prefabbricati, da pressioni esterne che cercano di modellarci secondo interessi politici. La nostra missione è diversa. Dobbiamo continuare a essere mediatori, anche se lo scenario è avverso. Dobbiamo ricordare che, in fin dei conti, il nostro ruolo è formare cittadini consapevoli, capaci di pensare con la propria testa, di mettere in discussione il mondo che li circonda, e non limitarsi a ripetere i discorsi che sentono a casa o sui social network.

Tra l'incudine e il martello, tra false promesse da un lato e sospetti dall'altro, continuiamo a cercare di fare quello che abbiamo sempre fatto: educare. Ed educare, più che mai, è un atto di coraggio.

CAPITOLO 19: PERCORSI E SFIDE
NELLA CARRIERA DOCENTE

La carriera di insegnante è, senza dubbio, un viaggio unico. Per chi sceglie di seguire questa strada, l'inizio è carico di idealismo. Siamo entrati nella professione con il desiderio di trasformare la vita, credendo che la conoscenza possa essere una forza rivoluzionaria. Ma, mentre percorriamo questo cammino, incontriamo ostacoli che spesso non immaginavamo. Quella che sembrava essere una missione per trasmettere contenuti e suscitare curiosità si è rivelata un viaggio con molteplici sfide, da quelle emotive a quelle burocratiche, da quelle personali a quelle strutturali.

Ricordo una conversazione che ho avuto con un collega all'inizio della mia carriera. Era già in cammino da anni e, vedendo la scintilla nei miei occhi, disse: "Essere insegnante è una sfida continua. Se lo ami, resisterai. Ma ti preparerai alle difficoltà, perché arriveranno ." In quel momento ho pensato che stavo esagerando. Con il tempo ho scoperto che quello che diceva non era un avvertimento, ma piuttosto una preparazione per le montagne che avremmo dovuto scalare.

Una delle prime sfide è la costante necessità di aggiornarsi. L'istruzione non è statica; Il mondo cambia, gli strumenti pedagogici si trasformano e l'insegnante deve seguire quel ritmo. Spesso i contenuti appresi all'università sono già obsoleti quando arriviamo in classe. Arrivano nuove tecnologie e richiedono agli insegnanti di reinventarsi e, per molti di noi, questo processo è accompagnato da una formazione adeguata scarsa o nulla.

D'altra parte, c'è la passione per l'apprendimento continuo. È impegnativo, sì, ma anche emozionante. Corsi, letture, conferenze, formazione... Ad ogni nuova tecnica, ad ogni nuovo contenuto assimilato, la sensazione di crescita nella propria carriera è reale. Tuttavia, la sfida sta nel bilanciare questo desiderio di apprendere con il tempo a disposizione, la fatica accumulata e la pressione per risultati immediati.

Un'altra sfida è emotiva. Insegnare non è solo trasmettere contenuti, ma occuparsi di vite. Sono le storie degli studenti, le loro difficoltà e i contesti personali che entrano in classe con loro. La realtà di ogni studente pesa molto e l'insegnante diventa inevitabilmente parte di questa trama. Una studentessa che, dopo la lezione, mi confida che sta attraversando problemi familiari. Uno studente che, nel bel mezzo di una spiegazione, rivela che la sua mente è molto lontana, forse pensando alle violenze di cui ha assistito nel quartiere in cui vive. Come possiamo andare avanti senza assorbire parte di queste storie?

La pressione emotiva sull'insegnante è costante. Non siamo solo mediatori della conoscenza, ma spesso si improvvisano psicologi, counselor, una figura di supporto in mezzo al caos. E, alla fine di ogni giornata, portiamo a casa le storie e le frustrazioni di ogni studente che non siamo riusciti a raggiungere. È il peso invisibile della professione, di cui pochi fuori dal settore si rendono conto.

La burocrazia è anche uno dei più grandi cattivi della carriera di insegnante. Ciò che una volta era solo insegnamento è diventato una montagna di resoconti, schede e valutazioni che spesso si sovrappongono al vero obiettivo dell'educazione: educare i cittadini. È frustrante rendersi conto che il tempo che potrebbe essere speso per pianificare una lezione di qualità viene consumato da documenti e numeri che, in sostanza, non riflettono ciò che sta realmente accadendo in classe.

C'è ancora la questione della gara stessa. Per molti insegnanti, soprattutto quelli che lavorano nelle scuole pubbliche, il percorso verso la crescita professionale è confuso. Le promozioni sono rare, le opportunità di riconoscimento scarse. E, per quanto l'insegnante cerchi di migliorare, non sempre c'è un ritorno concreto in termini di sviluppo professionale. Il riconoscimento, quando arriva, è simbolico: un ringraziamento da parte di uno studente, un complimento da parte di un collega. E anche se questo scalda il cuore, non risolve i problemi finanziari o strutturali.

Tuttavia, anche in mezzo a così tante sfide, c'è qualcosa che mantiene l'insegnante sul cammino. È la scintilla negli occhi degli studenti quando capiscono qualcosa di nuovo, è il sentimento della missione compiuta alla fine di un anno scolastico. È la certezza che, anche in mezzo a tante difficoltà, stiamo facendo la differenza, sia nella vita di uno studente, che di una classe.

La carriera docente, nonostante tutto, regala momenti unici di realizzazione. Ci sono sfide, sì. Ce ne sono innumerevoli. Ma ci sono anche risultati che nessun'altra professione offre. Ogni vita trasformata, ogni mente aperta a nuove idee, ci ricorda che, nonostante le difficoltà, vale la pena andare avanti.

E così, continuiamo. Affrontare le montagne che si ergono davanti a noi, ma trovare anche nelle piccole vittorie il carburante necessario per continuare. Perché, in fondo, essere insegnanti significa questo: resistere, reinventarsi e, soprattutto, credere. Credere che, anche di fronte a tanti ostacoli, l'istruzione rimanga la chiave per trasformare il mondo.

CAPITOLO 20: INSEGNARE E APPRENDERE: COSA MI HANNO INSEGNATO GLI STUDENTI

Nel corso della mia carriera di insegnante, tra le tante lezioni che ho progettato, corretto e rivisto, mi sono reso conto che in realtà mi stavo formando anch'io. In ogni classe, in ogni studente, c'è qualcosa di nuovo da imparare. L'insegnante insegna, ovviamente, ma impara anche. E spesso le lezioni più grandi vengono da coloro che, in teoria, sarebbero lì solo per ricevere la conoscenza.

Ricordo uno studente che mi ha sempre incuriosito. Stava in fondo alla stanza, sempre in silenzio, con lo sguardo perso. Non partecipava mai alle discussioni e, a differenza della maggior parte degli studenti, sembrava del tutto disinteressato alle lezioni. I tentativi di avvicinarsi sembravano infruttuosi; Manteneva una barriera invisibile che lo separava dal resto della classe. Stavo per rinunciare a comunicare con lui quando un pomeriggio, dopo le lezioni, venne a trovarmi. Ha parlato della sua vita, delle sue paure, della pressione che sentiva a casa e delle difficoltà che aveva per tenere il passo a scuola. Quella conversazione ha cambiato il modo in cui vedevo i miei studenti. Lì mi ha insegnato che il silenzio spesso nasconde tempeste interiori. Che dietro un'espressione apatica può esserci un'anima in conflitto. Da quel giorno ho cominciato ad osservare più da vicino, cercando di cogliere i segnali inespressi. Mi ha insegnato che per essere un buon insegnante è necessario essere innanzitutto umani.

C'è stata anche la lezione del sesto anno, una vera rivoluzione di energia e caos. Un giorno, in mezzo al solito rumore e fretta, ho provato qualcosa di diverso. Invece di imporre il silenzio, ho deciso di incanalare quell'energia in un'attività collettiva. Ciò che sembrava essere fuori controllo si è trasformato in un'ondata creativa, alla quale tutti gli studenti hanno partecipato attivamente. Lì ho imparato che l'indisciplina spesso è semplicemente energia mal indirizzata. E che, invece di cercare di reprimere, il ruolo dell'insegnante può essere quello di guidare, di trovare percorsi che suscitino l'interesse e la voglia di apprendere.

In un'altra occasione, uno studente mi sorprese. Aveva difficoltà visibili, soprattutto in matematica. Per lei era una lotta quotidiana tenere il passo con la lezione. Ma quello che mi ha sorpreso è stata la sua perseveranza. Ogni giorno dopo la lezione veniva da me con delle domande. Non mi sono mai arreso, non importa quanto fosse difficile. Quando finalmente riuscì a risolvere un'equazione da sola, la sua espressione di gioia fu contagiosa. La lezione che mi ha insegnato riguardava la resilienza. Mi ha dimostrato che lo sforzo costante, anche quando tutto sembra andare a rotoli, è ciò che fa la differenza. E che, come insegnante, devi essere paziente e capire che ogni studente ha il suo tempo.

Molti credono che il rapporto tra insegnante e studente sia unilaterale, dove la conoscenza fluisce solo dall'alto verso il basso. Ma la verità è che anche gli studenti ci plasmano. Ci sfidano, ci costringono a ripensare i metodi, a cercare nuove forme di comunicazione. Mi è stato insegnato che la flessibilità è una delle qualità più importanti per un insegnante e che imparare ad ascoltare è essenziale quanto saper parlare.

Una delle lezioni più preziose che ho imparato, e che molti studenti hanno imparato nel corso degli anni, è stata l'empatia. Molte volte ci ritroviamo immersi nei nostri problemi, nel trambusto della vita quotidiana, e dimentichiamo che ogni studente ha una storia. Ho imparato ad ascoltare di più, a chiedere di più. Renditi conto che il rendimento di uno studente è spesso legato a questioni che vanno ben oltre i contenuti scolastici. C'è chi affronta difficoltà in casa, chi ha a che fare con problemi emotivi e chi semplicemente non sa come chiedere aiuto. Mi hanno insegnato ad essere più comprensivo, a capire che ognuno ha le proprie battaglie.

Queste lezioni, provenienti direttamente dagli studenti, hanno plasmato la mia pratica di insegnamento e, soprattutto, hanno plasmato la persona che sono diventata. L'insegnamento è, senza dubbio, una strada a doppio senso. E se siamo onesti, spesso sono gli studenti a offrirci le lezioni più profonde.

Nel corso degli anni mi sono reso conto che il ruolo di un insegnante va ben oltre l'insegnamento dei contenuti. Siamo anche studenti. Apprendisti della vita, della convivenza, della diversità dei pensieri e delle realtà. Ogni anno, ad ogni lezione, torno a casa non solo con il sentimento di missione compiuta, ma con la certezza che, nonostante le sfide e le frustrazioni, sono un insegnante in costante formazione. E i miei insegnanti sono spesso quelli che si siedono ai banchi, con lo zaino in spalla, pieni di sogni e dubbi, in attesa di una parola di incoraggiamento, di una spiegazione o, chissà, semplicemente di qualcuno che li ascolti.

CAPITOLO 21: ISTRUZIONE INCLUSIVA: SFIDE E RISULTATI

L'educazione inclusiva è uno dei temi più discussi e, allo stesso tempo, più sfidanti all'interno dell'attuale realtà scolastica. Per l'insegnante questo concetto porta con sé una complessità che va oltre il contenuto da insegnare. Inclusione non significa solo adattare i piani di studio o utilizzare nuove metodologie. Richiede soprattutto un cambiamento di mentalità, sia da parte degli educatori, sia degli studenti, sia della società.

Ricordo uno studente non udente che venne nel mio ufficio a metà semestre. Presto mi sono reso conto che le dinamiche delle lezioni sarebbero cambiate. Non si trattava solo di adattare le attività; Avrei bisogno di rivedere il mio modo di comunicare e prestare attenzione all'uso del linguaggio del corpo, al ritmo delle spiegazioni e al coinvolgimento di tutti i colleghi in questo processo. Le prime settimane sono state impegnative, non per mancanza di volontà, ma per mancanza di preparazione e sostegno. Non c'era un interprete disponibile tutti i giorni e, anche quando c'era, doveva dividere il suo tempo tra le diverse classi. Io, a mia volta, dovevo essere creativo e trovare modi per rendere i contenuti accessibili a tutti gli studenti.

Questo studente mi ha insegnato una lezione preziosa sulla resilienza. Nonostante le barriere fossero molte, non ha mai smesso di partecipare. E gli altri studenti? All'inizio sembravano insicuri, non sapendo come interagire. Ma, col tempo, l'intera classe si è trasformata. Sono diventati più comprensivi e più attenti alle differenze e ai bisogni degli altri. Lì ho capito che l'inclusione non è vantaggiosa solo per coloro che vengono inclusi, ma anche per tutti coloro che li circondano. L'aula è diventata un ambiente più empatico e umano.

D'altro canto, la mancanza di preparazione e di risorse adeguate per un'istruzione inclusiva rappresenta un ostacolo costante. In molte scuole, gli insegnanti vengono catapultati in questa realtà senza una formazione e un sostegno adeguati. Non ci sono abbastanza professionisti specializzati, né infrastrutture che garantiscano a tutti gli studenti le stesse opportunità di apprendimento. L'insegnante, ancora una volta, deve improvvisare. È frequente trovare aule senza rampe di accesso, senza materiale adeguato, senza supporto pedagogico per gli studenti con disabilità fisiche, intellettive o sensoriali.

In un'altra occasione ho ospitato uno studente con disturbo dello spettro autistico. Era estremamente intelligente, ma il suo modo di interagire con il mondo era diverso. Alcuni giorni sono stati più impegnativi di altri. In uno di essi non voleva uscire da sotto il tavolo. E, per quanto cercassi di incorporarlo nell'attività, ho capito che aveva bisogno di quel momento per elaborare ciò che stava accadendo intorno a lui. C'era la pressione di seguire l'orario delle lezioni e di soddisfare le aspettative del coordinatore e degli altri studenti, ma il mio ruolo in quel momento era quello di offrire supporto. Piano piano ho trovato il modo di integrarlo nelle attività, rispettando i suoi tempi e le sue esigenze.

Queste storie sono solo esempi di una realtà molto più ampia e complessa. L'inclusione va oltre gli studenti con disabilità; Copre anche coloro che si trovano in situazioni di vulnerabilità sociale, coloro che affrontano difficoltà di apprendimento e coloro che provengono da culture e religioni diverse. Ogni studente porta in classe le sue particolarità e l'insegnante è il mediatore di questa diversità. Tuttavia, le scuole sono ancora lontane dall'essere pienamente preparate ad affrontare questa diversità.

I risultati dell'istruzione inclusiva non sono né immediati né facilmente misurabili. Si verificano in piccoli gesti, in momenti di connessione tra insegnante e studente e tra gli stessi compagni di classe. Quando uno studente con difficoltà si sente parte del gruppo, quando riesce a svolgere un'attività che prima sembrava impossibile, è una conquista non solo per lui, ma per l'intera classe e, soprattutto, per l'insegnante.

L'inclusione è anche un processo che educa alla pazienza. Le vittorie sono graduali e non sempre vengono riconosciute fuori dall'aula. Gli insegnanti spesso devono lottare contro la mancanza di infrastrutture, l'incuria da parte delle autorità pubbliche e persino la mancanza di comprensione da parte di alcuni colleghi professionisti o delle famiglie degli studenti. Ma, tra tante sfide, i momenti di successo sono ciò che ci mantiene forti.

La lezione più importante che mi ha insegnato l'educazione inclusiva è che ognuno ha qualcosa da offrire. Ogni studente, con le sue particolarità, porta in classe una ricchezza inestimabile. Come insegnanti, dobbiamo essere più che semplici trasmettitori di conoscenza. Dobbiamo essere facilitatori di un ambiente in cui tutti possano svilupparsi, secondo le proprie capacità e ritmi. È un compito difficile, ma è, senza dubbio, uno dei più gratificanti.

E infine, ho imparato che la vera inclusione va oltre gli adattamenti fisici e pedagogici. Inizia nel cuore, nel desiderio genuino di vedere tutti gli studenti capaci, ciascuno a modo suo. Si tratta di fare spazio agli altri, dare voce a coloro che spesso vengono messi a tacere dal sistema. Si tratta di credere che, con gli strumenti giusti e il giusto supporto, tutti possano crescere, imparare e trasformarsi.

CAPITOLO 22: LA PASSIONE PER L'INSEGNAMENTO: PERCHÉ CONTINUARE?

Fare l'insegnante è un lavoro che comporta i suoi paradossi. Come può qualcuno sano di mente insistere su una professione segnata da così tante sfide, pressioni e ingiustizie? A chi guarda da fuori questa scelta appare sconcertante, una sorta di caparbietà. Dopotutto, affrontare la mancanza di struttura, la bassa retribuzione, la violenza in classe, le interferenze esterne e la svalutazione del lavoro stesso sono fardelli che, per molti, sarebbero insopportabili. Eppure eccoci qui. Persistiamo, resistiamo e, stranamente, troviamo motivi per continuare.

A volte queste ragioni emergono nei momenti più inaspettati, come quel momento magico in cui uno studente comprende un concetto che sembrava irraggiungibile. In un batter d'occhio e nel sorriso della realizzazione, lì accade qualcosa: una connessione silenziosa, uno scambio di apprendimento che sfugge a qualsiasi descrizione razionale. È un assaggio di qualcosa di trasformativo, una scintilla che ci ricorda perché abbiamo scelto questa professione. Ed è questo momento, questo millisecondo, che ha il potere di rinnovare la speranza.

Ricordo uno studente, un ragazzo che aveva difficoltà a concentrarsi e spesso aveva un atteggiamento disinteressato. Il contenuto delle lezioni sembrava un muro troppo alto per lui da scalare. Finché un giorno, mentre stavamo parlando di un argomento storico, lui alzò la mano e mi fece una domanda, timida ma sincera. Questa piccola interazione ha aperto una porta. Da quel momento in poi si è sentito sicuro nel condividere i suoi dubbi, comprendere le sue debolezze ed esplorare i suoi interessi. A fine anno mi portò un semplice biglietto: "Grazie per avermi ascoltato e aiutato a imparare. Adesso vedo che posso farcela".

Questi sono i momenti che ci fanno andare avanti. Sono questi piccoli e preziosi gesti che ci collegano al nostro scopo. Sì, c'è tutta la complessità, la fatica, le esigenze che ci minacciano; Ma in mezzo a tutto questo c'è anche la silenziosa gratificazione di sapere che possiamo fare la differenza nella vita degli altri. C'è una linea sottile tra frustrazione e successo, ed è su quella soglia che continuiamo a camminare.

Tuttavia, insegnare in Brasile significa, per molti di noi, un costante esercizio di resilienza. Siamo bombardati quotidianamente da notizie di tagli ai finanziamenti, da discussioni che non portano mai a cambiamenti reali, da vuote promesse di miglioramenti che, sappiamo, richiederanno tempo per concretizzarsi. Ma continuiamo. Sappiamo che, per i nostri studenti, spesso siamo l'unico ponte verso un futuro diverso. Molti provengono da famiglie disfunzionali, da famiglie dove la parola "opportunità" è quasi un miraggio, e trovano nella scuola un rifugio e, in noi, un riferimento.

L'aula diventa quindi un campo dove piantiamo semi di speranza. E non è una speranza ingenua; Conosciamo i limiti, le ingiustizie, le porte ancora chiuse a tanti giovani. Ma noi crediamo nel potenziale della conoscenza e questa convinzione è incrollabile. L'istruzione, quando è vera, è uno degli strumenti più potenti per trasformare vite e aprire orizzonti. E, in mezzo ai contrattempi, alle assenze, alle infrastrutture precarie, perseveriamo, consapevoli che ogni classe, ogni parola detta con intenzione, porta con sé il potere di cambiare una vita.

Sì, l'usura è reale. E a volte il fardello diventa troppo pesante. Sono molti quelli che pensano di abbandonare questa strada, cercando altre vie per garantire la propria dignità. Ma qualcosa ci ferma, qualcosa ci fa resistere. Forse è una sorta di testardaggine poetica o un profondo impegno verso ciò che crediamo sia giusto e necessario. In fondo, insegnare è un atto d'amore: amore per la possibilità di costruire un mondo più giusto, dove tutti abbiano le stesse opportunità.

Eppure la realtà non ci perdona. Insegniamo in scuole dove le risorse scarseggiano, dove gli studenti arrivano affamati e demotivati, dove, spesso, la nostra voce è l'unica che sentono durante la giornata. Ma, per quanto paradossale possa sembrare, è questo contesto che rafforza il nostro scopo. Non siamo qui per essere elogiati, né per ricevere medaglie o premi. Siamo qui perché crediamo che ogni lezione insegnata, ogni consiglio dato, ogni studente ispirato a essere sempre migliore, sia una vittoria silenziosa sulle difficoltà.

Perché continuiamo? Perché sappiamo che, alla fine di ogni giornata, quando le luci si spengono e il silenzio prende il sopravvento nella scuola, il nostro impegno è moltiplicato da coloro che portano avanti il nostro apprendimento. Sappiamo che il riconoscimento non arriverà sotto forma di applausi o lodi. Sarà nelle scelte che questi giovani faranno in futuro, nelle decisioni che prenderanno e in ciò che costruiranno.

Ed è questa certezza – che, nonostante tutto, ciò che facciamo conta e fa la differenza – che ci dà la forza di rialzarci ogni giorno e continuare a stare in piedi, con lo stesso amore e la stessa dedizione.

CAPITOLO 23: LA SALUTE DELL'INSEGNANTE: IL PESO DELLA STANCHEZZA FISICA E MENTALE

Chi non ha mai guardato un insegnante e pensato che il suo lavoro fosse pacifico? L'idea di trovarsi in un'aula, circondati da studenti, a parlare di argomenti diversi, a risolvere domande, viene facilmente confusa con una piacevole routine. Ma quello che pochi si rendono conto è che, per chi si guadagna da vivere insegnando, il peso va ben oltre la lavagna e gli esami. La salute di un insegnante è qualcosa che si corrode nel silenzio, vittima di una routine che spesso mette a dura prova non solo il fisico, ma anche quello psicologico.

Immaginate di arrivare presto ogni giorno e di trovare aule affollate, studenti con esigenze e ritmi diversi, richieste che si accumulano senza respirare. E, allo stesso tempo, dover sorridere, ascoltare, insegnare, ispirare. È una battaglia sottile, che a poco a poco esaurisce l'energia di chi è lì, dedito all'insegnamento, ma che raramente riceve un "come stai?" E questa mancanza di attenzione provoca danni lenti ma profondi.

Il dolore che accompagna l'insegnante non è raro. C'è il peso di libri, quaderni e carte che si accumulano nello zaino e devono essere corretti dopo il lavoro. Sulle tue spalle porti più del materiale didattico: hai anche la responsabilità di ogni lezione ben insegnata, delle aspettative di ogni studente che vuole imparare. E col tempo, quelle spalle si abbassano. La colonna vertebrale si curva, il dolore diventa parte della routine e il corpo si logora. Le lezioni, che una volta erano una conversazione vivace, diventano un peso fisico: la voce diventa rauca, la testa fa male per l'eccesso di informazioni e il corpo resiste sempre meno.

Ma c'è qualcosa che pesa ancora più della fatica fisica. L'esaurimento mentale è un'ombra costante, alimentata da richieste infinite e responsabilità crescenti. Pianificare lezioni, affrontare comportamenti difficili, adattarsi alle nuove tecnologie e metodologie, partecipare a riunioni infinite, rispondere alle richieste di genitori, dirigenti, segretarie, tutto questo occupa molto spazio nella mente. E quando la testa è troppo piena, il sonno scompare e il riposo diventa impossibile. Molti insegnanti dormono solo poche ore a notte, passando da una giornata estenuante a quella successiva, senza tempo per ricaricarsi.

Nelle conversazioni in corridoio o durante le pause caffè condividiamo le nostre ansie, come chi cerca sollievo da qualcuno che capisce. Storie di insonnia, ansia e stress diventano comuni. Molti colleghi confessano di aver dovuto abbandonare per problemi emotivi, vittime dello stress psicologico che il lavoro impone. C'è un momento in cui il corpo chiede aiuto e la mente, esausta, non riesce più a proseguire.

Il sovraccarico mentale, però, è amplificato da qualcosa che, quasi invisibilmente, ci tocca nel profondo: la mancanza di riconoscimento. Essere un insegnante significa prendersi cura degli altri e prendersi poca o nessuna cura di se stessi. Il supporto psicologico è scarso e la comprensione da parte dei manager è spesso inesistente. La società esige che gli insegnanti siano infallibili, senza considerare il peso emotivo che portano quotidianamente. Ma chi si ricorda di chiederci se stiamo bene? Chi ci offre sostegno quando abbiamo bisogno di qualcuno che ci ascolti?

Dopotutto, quando pensare alle politiche sanitarie per gli insegnanti? Si parla poco dei problemi emotivi e fisici della professione. Ricordo che un collega esausto una volta mi confidò: "Oggi sono venuto a insegnare automaticamente. "Non sento più niente, faccio solo quello che devo fare." Lei era lì, a svolgere il suo ruolo, ma il suo sguardo non aveva più alcuna lucentezza. Le sue parole erano meccaniche, prive di entusiasmo. Per molti è la realtà. La vocazione che un tempo ci muoveva è oscurata dalla routine, dalla pressione e dalla mancanza di riconoscimento.

E c'è ancora la questione delle licenze. In molte scuole, prendere un congedo per malattia è quasi un tabù. La richiesta velata, l'impressione che l'insegnante "manchi" di impegno o sia meno impegnato, crea un ambiente in cui prendersi cura della propria salute sembra un errore. L'espulsione, anche necessaria, diventa sinonimo di abbandono. Continuiamo quindi a mettere la salute in secondo piano, a prenderci cura della salute emotiva, fisica e accademica dei nostri studenti.

Essere un insegnante, dopotutto, è un atto di resistenza. È come remare contro corrente su una barca che, ogni anno, sembra più fragile e logora. La salute scompare poco a poco, non in esplosioni drammatiche, ma in segnali sottili che vengono ignorati. La voce che si spezza, la stanchezza continua, le notti insonni, il dolore che non si ferma. E quando ci fermiamo a realizzare, non siamo più le stesse persone che hanno iniziato il viaggio. Siamo più forti, è vero, ma siamo anche più stanchi. Portiamo marchi che nessuno vede, frutto di una lotta che conduciamo in silenzio ogni giorno.

La domanda però rimane: fino a quando? Per quanto tempo i nostri corpi e le nostre menti resisteranno a questa implacabile battaglia? La risposta, purtroppo, non è nelle nostre mani. Dipende da un sistema che valorizzi più che solo risultati, numeri e consensi. Dipende da una società che vede l'insegnante come persona e non solo come funzione.

Concludo questo sfogo con voglia di cambiamento, di un futuro dove si valorizzi la salute degli insegnanti, dove si possa prendersi cura di sé senza sensi di colpa, senza paure. Possa un giorno il peso della fatica dissolversi in un ambiente più umano, dove si celebra la nostra professione e si rispetta il nostro benessere. Fino ad allora continuiamo, perché se c'è una cosa che l'insegnante conosce bene, è la resistenza.

CAPITOLO 24: LA FINE DELL'ANNO SCOLASTICO: ADDIO E NUOVI INIZI

La fine dell'anno scolastico è sempre un'altalena di emozioni. È come concludere un lungo cammino in cui ogni passo è stato segnato da sforzi, battute d'arresto e scoperte. Ogni studente è diventato una storia, una vittoria, una sfida e, l'ultimo giorno, c'è un sentimento misto di realizzazione e nostalgia. Il ciclo volge al termine, ma sempre con il profumo di nuovi inizi.

A fine anno i corridoi della scuola appaiono diversi. C'è un brusio speciale, qualcosa misto a sollievo ed eccitazione. Le lezioni sono finite, ma persiste il suono della scuola, ora meno rigido, più libero. Nelle ultime settimane il ritmo si fa frenetico: esami finali, pagelle, chiusure. E, tra le carte e i rapporti, comincia a emergere una sorta di anelito anticipatorio. La lezione che sembrava interminabile, il duro lavoro di gruppo e le notti insonni, tutto questo ora sembra più leggero e in qualche modo indimenticabile.

C'è qualcosa di magico in classe in questo momento. Nonostante il contenuto sia già dato, c'è voglia di parlare, di condividere storie, di ridere di momenti che, mesi fa, erano tesi e gravi. Quella classe che, a inizio anno, era un gruppo di volti sconosciuti, è diventata quasi una seconda famiglia. Il professore si sente un po' come un capitano che ha portato la sua nave alla fine di un lungo viaggio e ora è giunto il momento di lasciare che i passeggeri vadano per la loro strada.

Al giorno d'oggi gli addii non sono solo procedure. Ci sono sguardi, gesti e parole che, a volte, parlano più del solito "ci vediamo dopo". Gli studenti ringraziano, con abbracci o bigliettini, piccoli gesti che riassumono l'impatto che ha lasciato un intero anno di didattica e di convivenza. Alcuni dicono "grazie", altri "mi mancherai", e c'è chi preferisce non dire nulla, ma lasciare quello sguardo che dice molto. Sono momenti preziosi che rimangono custoditi nella memoria del maestro come trofei di un percorso fatto di fatica e perseveranza.

E, per l'insegnante, è anche un momento di riflessione. È tempo di ricordare coloro che hanno affrontato ostacoli e non si sono arresi, che sono arrivati con paura e hanno concluso l'anno con rinnovata fiducia. Ci sono sempre studenti che sorprendono, quelli che hanno superato le aspettative e hanno dimostrato che ogni sforzo è valso la pena. Ognuno di loro è un frammento di questo ciclo ormai chiuso, ma che resta nella memoria di chi ha insegnato e imparato.

Ma la fine dell'anno scolastico è più che un semplice addio: è la promessa di un nuovo inizio. È come se le foglie cadenti facessero spazio a nuovi fiori. Con gli addii arriva anche l'aspettativa di ciò che verrà, di nuove classi che porteranno nuove storie, sfide e risultati. E per l'insegnante, questo ciclo di rinnovamento è ciò che mantiene viva la passione per l'insegnamento. Sa che, l'anno prossimo, lo aspetterà una nuova generazione di giovani, desiderosi di scoprire, imparare, sbagliare e crescere.

Quell'ultimo giorno, mentre ripone gli ultimi fogli, l'insegnante guarda l'aula vuota e si concede un momento di silenzio. Sa che sui muri risuonano echi di conversazioni, di risate, di spiegazioni, di sfoghi. Tutto ciò che componeva la melodia di un altro anno che finisce. E, quando spegne le luci, sente di aver compiuto, ancora una volta, la sua missione.

Poi chiude la porta, il cuore pieno di gratitudine e un tocco di desiderio. Perché insegnare è così: è aprire porte e cuori, ma è anche sapere quando è il momento di lasciare andare. Si tratta di andare avanti, sognando già le sfide e i volti nuovi che troverete il prossimo anno, con la certezza che, anche se il ciclo finirà, l'essenza di ciò che è stato seminato continuerà a fiorire.

Così il maestro saluta, ma senza mai dire addio definitivo. L'istruzione è un percorso infinito e ogni anno che passa sai di lasciare un segno, un'eredità. Ed è questo che fa valere ogni momento, ogni sforzo, ogni sorriso e ogni lacrima. Perché per l'insegnante la fine di un anno scolastico è sempre l'inizio di un nuovo viaggio, la promessa che, per quanto difficile sia la strada, lui sarà lì, pronto a insegnare e imparare.

CONCLUSIONI FINALI

Mentre chiudiamo questo libro, è impossibile non riflettere sulla profondità di ogni pagina, di ogni capitolo, che si presenta come un ritratto sincero delle tante giornate che compongono la vita di un insegnante. Ogni storia è come una giornata di scuola: alcune leggere e piene di risate, altre intense, segnate dalla tensione, e ce ne sono alcune con sfide che lasciano segni profondi. Questa non è solo una storia di situazioni affrontate in classe; È il ritratto di una professione che si reinventa ogni alba.

Essere insegnante significa, in sostanza, vivere tutta una serie di emozioni in un unico viaggio. Significa imparare ad abbracciare i giorni belli e a sopportare quelli difficili, sapendo che con ogni ciclo arriveranno nuovi volti, nuove storie e nuove sfide. Ed è proprio questo miscuglio di gioie e sfide, di conquiste e frustrazioni, che rende il viaggio così vivo e così umano. Le esperienze qui raccontate sono state scritte con l'intento di essere qualcosa di più di una semplice visione della vita scolastica quotidiana; Sono inviti a sentire cosa vuol dire insegnare, a capire cosa vuol dire vivere il mestiere di insegnante.

Il lettore giunto fin qui può essersi reso conto che, dietro ogni lezione insegnata, c'è molto di più di un intento pedagogico; Ci sono i sogni, ci sono i sacrifici, c'è anche la voglia di costruire un mondo migliore. Sono storie che non stanno nelle diapositive preassemblate o nelle fredde annotazioni di un diario di classe. Sono pulsanti, pieni di vita, ognuno intessuto con la delicatezza di chi sa che ogni studente è un universo da esplorare.

Come le storie vissute in questo libro, l'anno scolastico si dipana in episodi quotidiani di fatica e dedizione, dove ogni vittoria, per quanto piccola, rappresenta un passo avanti nella formazione dei futuri cittadini. E nonostante sia un lavoro che spesso sembra invisibile, l'impatto che lascia è duraturo e risuona non solo negli studenti, ma anche nell'animo di chi insegna. L'insegnante, alla fine di ogni ciclo, saluta, ma porta con sé le tracce di tutti questi viaggi condivisi.

A questo punto di arrivo, il cuore dell'insegnante è pieno, anche se sa che le sfide continueranno a presentarsi. Capisce che ogni anno è un nuovo capitolo e che la sua missione non ha fine. Perché, in fondo, la vera ricompensa per l'insegnante non sono gli applausi o i titoli, ma la certezza che il sapere che semina fiorirà oltre le mura dell'aula.

Chiudiamo questo libro con la certezza che l'educazione è più di una professione; È una vocazione, una vocazione che richiede non solo dedizione, ma anche coraggio e amore. Possa questo lavoro suscitare l'apprezzamento di coloro che, giorno dopo giorno, trovano in ogni studente un motivo per persistere e, in ogni sfida, un'opportunità per crescere. Il lettore, chiudendo queste pagine, porti con sé la stessa speranza che muove gli insegnanti: la certezza che insegnare è, soprattutto, una via per trasformare il mondo.

Cordiali saluti:
Professor José Ruiz Watzeck.

INFORMAZIONI SULL'AUTORE

Jose Ruiz Watzeck

Giornalista, scrittore, autore, fisico, geografo, matematico, storico, professore universitario, neuropsicopedagogista, specialista nell'insegnamento superiore, laureato in Auditing, Management e Licenze ambientali, laureato in Geoprocessing e Georeferenziazione, pedagogista, specialista in Astronomia e Astrofisica.

www.ingramcontent.com/pod-product-compliance
Lightning Source LLC
Chambersburg PA
CBHW061721250726
48657CB00002B/705